우리 몸을 도와주는 과학

교육활동 프로그램 04

우리 몸을 도와주는 과학

서울여자대학교 부속유치원 지음

(주)교 문 사

이 책의 순서

I. 주제를 시작하며

CONTENTS

Ⅲ. 교사를 위한 교육활동안

I 주제를 시작하며

I 주제를 시작하며

1. 주제 선정의 이유

사람들은 흔히 현대를 '과학의 시대' 혹은 '과학기술의 시대'라고 부른다. 이는 과학과 그것을 응용한 기술이 현대 사회에서 갖는 위치가 과거에는 생각할 수 없을 정도로 커졌기 때문이다. 특히 인간의 생명, 인체와 관련된 과학기술의 발달은 인간에게 질병에 관한 문제들을 해결하고 건강한 삶을 살아가기 위한 도움들을 준다.

유아기는 자신이나 친구의 몸에 대해 상당히 관심을 갖는 시기이며, 신체적으로 급격한 발달을 이루는 시기이기도 하다. 해마다 성장하는 키와 몸무게, 유치가 빠지고 새롭게 돋아나는 영구치 등을 보며 유아들은 성장하는 자신의 몸에 대해 호기심을 갖게 된다. 유아의 몸에 대한 이해는 나 자신에 대한 이해를 도울 뿐 아니라 다른 사람과의 공통점과 차이점을 발견하고 인정하는 토대가 되며, 아울러 미래의 건강한 삶의 영위에 필요한 기초 지식을 익히는 데 유익하다.

따라서 '우리 몸을 도와주는 과학'이라는 주제는 유아들이 우리의 몸에 대한 다양한 표상을 통해 신체 각 부분의 기능과 특성을 이해하고, 우리 몸을 도와주는 다양한 도구와 기계, 의약품과 같은 과학을 경험해 볼 수 있다. 이러한 활동들은 유아의 과학적인 태도를 발달시키고 과학적 지식과 정보를 획득할 수 있으며 유아들로 하여금 그들 주변의 세계에 대한 과학적 흥미와 감상능력을 발달시킬 수 있을 것이다.

2. 주제의 주요 개념

1) 인체에 대한 탐구

① 인체는 성장하고 변한다.
② 인체는 여러 기관(감각기관, 내부기관, 운동기관 등)들로 이루어져 있다.
③ 인체의 기관들은 각자의 역할이 있다.

2) 건강한 우리 몸, 병든 우리 몸

① 건강이란 육체적 · 정신적 · 사회적으로 이상이 없는 것을 말한다.
② 우리 몸을 병들게 하는 원인은 여러 가지가 있다(바이러스, 세균 등).
③ 사람들은 병든 몸의 원인을 밝히고 치료하기 위해 노력한다.

3) 우리 몸을 치료하는 과학

① 우리의 불편한 몸을 편리하게 해 주는 도구와 기계가 있다(안경, 목발 등).
② 우리 몸을 관찰하고 검사할 수 있는 도구와 기계가 있다.
③ 우리 몸의 질병을 치료해 주는 의약품이 있다.
④ 우리 몸을 도와주는 과학은 지속적으로 변화하고 발전한다.

4) 건강한 생활

① 과학의 발전으로 사람들은 보다 건강한 삶을 살아갈 수 있다.
② 사람은 건강을 유지하기 위해서 노력해야 한다(운동, 음식물 섭취 등).

3. 교육 내용

우리 몸을 도와주는 과학

이야기 나누기

- 우리 몸의 특징, 여러 신체기관의 기능에 대해 이야기 나누고 몸에 대한 궁금한 점 알아보기
- 우리 몸을 병들게 하는 원인에 대해 이야기 나누고 바이러스, 세균, 곰팡이와 질병과의 관계 알아보기
- 우리 몸을 도와주는 과학기술에 대해 이야기 나누기
  - 노벨 의학상 조사하기
  - 건강을 유지하기 위해 노력하는 사람들의 모습에 대해 토의하기
  - 우리 몸의 건강을 지키기 위해 발견하거나 발명할 수 있는 것 생각해 보기

과 학

〈발견하기〉

- 관찰하기 : 나와 친구의 몸, 우리 몸 모형, 엑스레이 필름 관찰하기, 세균 · 바이러스 · 곰팡이에 관련된 자료 관찰하기
- 분류하기 : 우리 몸의 기관 분류하기(감각기관, 내부 기관 등)
- 의사소통하기 : 우리 몸의 특징, 우리 몸을 건강하게 하는 것과 병들게 하는 것에 대해 이야기 나누기, 우리 몸에 도움을 주는 과학기술(의약품, 의료기기, 안경, 휠체어 등)에 대해 이야기 나누기
- 측정하기 : 우리 몸의 크기, 무게, 개수 측정하여 차트와 그래프로 나타내기
- 예측하기 : 우리가 사용하는 의약품의 효과, 의료기기의 사용법 및 발달과정 예측해 보기, 우리 몸에 도움을 주는 미래의 과학기술 예측해 보기
- 실험하기 : 체온 변화 실험하기(등원, 앞마당 놀이 후, 하원 시의 체온 측정하기, 체온이 변하거나 변하지 않는 이유 생각해 보기), 심장 펌프 모형을 이용하여 혈액의 순환과정 실험하기

〈발명하기〉

- 건강을 지키고 증진시키기 위해 우리가 만들 수 있는 발명품 계획하고 구성하기

수 · 조작

- 〈쑥쑥 자라요 게임〉(수)
- 〈내 몸의 비밀 게임〉(수)
- 〈신체기관 빙고〉(조작)
- 〈세균 이야기 게임〉(수)
- 〈나의 몸은 몇 개로 이루어졌을까요? 게임〉(수)
- 〈우리 몸 퍼즐〉(조작)
- 신체기관 모형 맞추기(조작)

음률 · 신체표현

- 내 몸을 이용한 소리 만들기
- 새 노래 배우기 : 〈싹싹 닦아라〉, 〈건강한 내 몸〉
- 마임을 이용하여 창의적인 신체 표현하기
- 새천년 체조 배우기

언 어

- 읽기 : 《놀라운 인체의 신비》, 《움직이는 뼈》, 《꼬르륵 먹은 게 다 어디 갔지?》, 《몸속 여행》 등 인체와 관련된 책 읽기
- 쓰기 : 우리 몸에 대한 궁금증 목록으로 작성하기, 몸에 대한 수수께끼 책 만들기
- 듣기 · 말하기 : 병원 방문하여 인체에 대한 궁금증 묻고 대답 듣기
- 표어 짓기 : 건강한 생활을 실천하기 위한 표어 짓기
- 이야기 꾸미기 : 우리가 만든 관절 인형 이용하여 이야기 꾸미기

역할 · 쌓기 · 목공

- 역할 : 미래 병원 놀이(미래 병원의 모습 예상하기, 미래 병원에서 사용되는 기계, 의약품들에 대해 생각해 보기, 질병을 고치고 건강한 삶을 살기 위해 우리가 할 수 있는 일 생각해 보기)
- 쌓기 : 유니트 블록, 무지개 블록, 우리가 만든 미래 의학도구 이용하여 미래 병원 구성하기
- 목공 : 작은 나뭇조각 이용하여 내가 필요한 구성물 계획하고 구성하기

조 형

- 우리 몸의 특징을 그림으로 표현하기
- 점토, 석고 등으로 인체 모형 만들기
- 나뭇조각, 쇳조각, 엑스레이 사진 등으로 인체 모빌 만들기
- 협동작품 : 호스, 젤라틴, 석고 등을 이용하여 마네킹에 신체 내부 기관 모습 표현하기
- 우리 몸을 병들게 하는 원인들을 생각하여 그림으로 표현해 보기
- 미래의 병원에서 사용할 수 있는 도구와 기계 구성하여 발명하기

4. 환경 구성

1) 쌓기 영역

구 분	내 용
구성 원리	다양한 종류의 블록과 소품뿐만 아니라 유아들이 주제와 관련하여 조형 영역에서 만든 발명품들을 이용하여 놀이를 진행할 수 있도록 하였다. 미래 병원을 상상하여 공간을 구성하고 인형 및 여러 소품을 이용하여 미래 병원의 모습을 상상한 놀이가 이루어질 수 있도록 하였다. 또한 유아들이 발명품을 구성한 후에는 서로의 발명품을 공유할 수 있는 전시공간으로 활용하였다.
활동 자료	• 미래 병원 구성을 위한 블록 : 유니트 블록, 나무 블록, 인형 모형, 무지개 블록 • 미래 병원에서 놀이할 소품 : 유아들이 제작한 미래 의학도구 발명품
환경 구성	 

2) 역할 영역

구 분	내 용
구성 원리	병원 놀이를 진행할 수 있도록 놀이에 필요한 소품과 역할 목걸이를 제공하였다. 병원은 진료와 검사실, 입원실 등으로 나누어 놀이하도록 하였으며, 어느 정도 병원 놀이가 익숙해진 후에는 약 50년 후의 병원의 모습을 상상하여 놀이할 수 있도록 하였다. 이때 필요한 상상의 소품들은 유아들과 함께 직접 만들어 사용하였다.
활동 자료	• 병원 놀이 자료 : 의사 가운, 청진기, 온도계 등의 의료도구, 진료일지, 건강보험증, 역할 목걸이 등 • 미래 병원 놀이 자료 : 미래 병원에서 사용되는 기계, 의약품, 의사 로봇 등
환경 구성	 

3) 언어 영역

구 분	내 용
구성 원리	말하기, 듣기, 읽기, 쓰기 등의 활동이 조화롭게 이루어질 수 있도록 환경을 구성하는 것에 초점을 맞추었다. 이 주제는 유아들이 직접 경험하는 것보다 책이나 사진 자료를 통해 정보를 얻는 활동들이 많았다. 따라서 언어 영역에는 유아들의 궁금증을 해결할 수 있는 과학적 지식이 풍부한 책들도 함께 배치하였다. 뿐만 아니라 한쪽 벽면에는 이야기 꾸미기 자료를 배치하여 유아들의 창의적인 상상 놀이가 이루어질 수 있도록 하였다.
활동 자료	• 동화책 : 《놀라운 인체의 신비》, 《움직이는 뼈》, 《꼬르륵 먹은 게 다 어디 갔지?》, 《몸속 여행》 등 인체와 관련된 책 • 동시 : 〈신비한 나의 몸〉 • 쓰기 자료 : 우리 몸에 대한 궁금증 목록 종이, 몸에 대한 수수께끼 책, 건강한 생활을 실천하기 위한 표어 짓기 틀, 연필, 지우개, 색연필 • 이야기 꾸미기 : 우리가 만든 관절 인형, 자석판
환경 구성	 

4) 수 · 조작 영역

구 분	내 용
구성 원리	다양한 종류의 재료를 이용한 교재와 교구를 준비하여 유아들이 주제에 흥미를 가질 수 있도록 하였다. 나의 몸과 신체기관, 병균과 치료에 관한 수 게임판과 퍼즐 자료들을 준비하였고, 교실 중앙에는 유아들의 키와 몸무게의 그래프를 만들어 비교해 볼 수 있도록 하였다.
활동 자료	• 게임판 : 〈쑥쑥 자라요 게임〉, 〈내 몸의 비밀 게임〉, 〈신체기관 빙고 게임〉, 〈세균 이야기 게임〉, 〈나의 몸은 몇 개로 이루어졌을까요? 게임〉 • 퍼즐 : 〈우리 몸 퍼즐〉, 〈신체 기관 모형 맞추기 퍼즐〉 • 도미노 : 〈우리 몸의 기관 도미노〉 • 그래프 : 큰 종이 혹은 비닐, 라인테이프, 몸무게를 나타낼 수 있는 그림 기호
환경 구성	 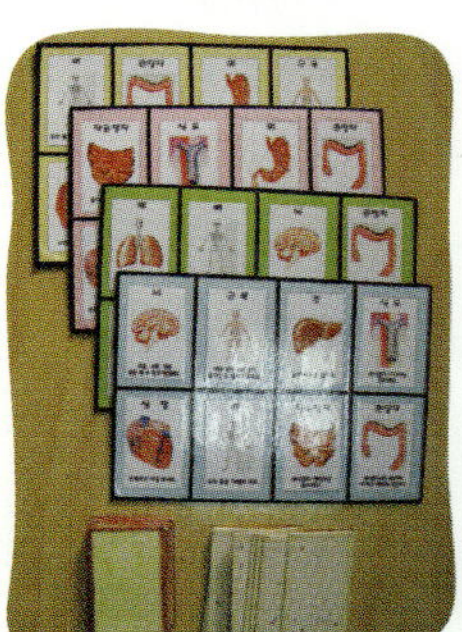 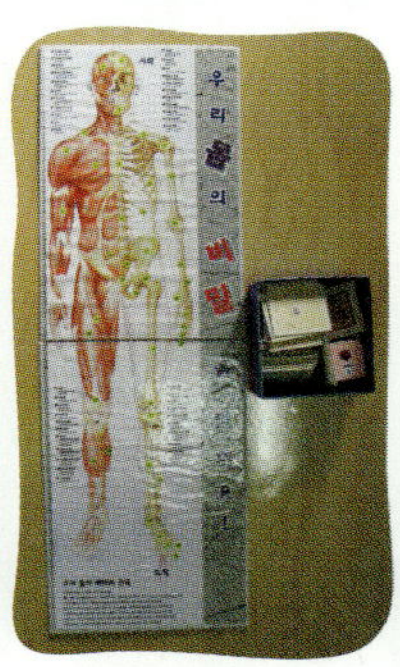 

5) 과학 영역

구분	내용
구성 원리	유아들이 우리 몸을 관찰할 수 있는 다양한 모형과, 관찰도구, 실험도구, 측정도구들을 배치하였고, 실제 물건 및 도구들, 일상생활에서 사용하지만 유아들이 직접 다루어 보지 못했던 것들을 관찰하고 사용해 볼 수 있도록 하였다. 유아들은 이러한 교구들을 접하면서 우리 몸에 대해 탐구하고, 우리 몸을 도와주는 과학에 대해 관심을 가지며 이를 발명으로 연결해 보는 기회를 가질 수 있었다.
활동 자료	• 신체 모형, 엑스레이 필름, 세균 · 바이러스 · 곰팡이 등에 관련된 화보 • 다양한 의약품에 관한 화보, 우리 몸을 도와주는 의료기기, 건강 보조기구 등 • 다양한 종류의 체온계, 심장 펌프 모형 • 발명품을 계획하고 구성할 수 있는 준비물 : 설계도, 종이 상자, 플라스틱 통, 래커, 색종이, 풀, 가위 등 다양한 종류의 재활용품 등
환경 구성	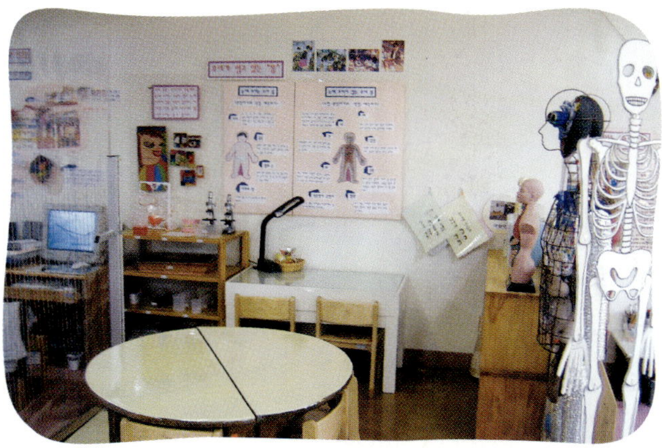  

6) 조형 영역

구분	내용
구성 원리	미술 작업을 할 수 있는 기본 자료들이 준비된 교구장과 책상, 의자, 이젤을 준비하였으며, 활동에 따라 다양한 종류의 미술 재료들을 사용해 볼 수 있도록 하였다. 또한 재활용품을 이용하여 창의적인 구성활동이 이루어질 수 있도록 재활용품을 종류별로 모아 제공하였다.
활동 자료	• 우리 몸 큰 그림 그리기 재료 : 큰 비닐, 매직, 아크릴 물감, 털실, 전선 등 • 인체 모형 만들기 재료 : 점토, 석고 등 • 인체 모빌 만들기 재료 : 나뭇조각, 쇳조각, 엑스레이 사진 등 • 마네킹에 신체 내부 기관 모습 표현하기 재료 : 호스, 젤라틴, 석고, 나무, 동선, 수수깡, 천, 색점토 등 • 미래의 병원에서 사용할 수 있는 도구와 기계를 구성할 수 있는 재료
환경 구성	 

5. 가정과의 협력

유아는 자신의 몸에 대해 정확히 인식함으로써 스스로 건강을 지킬 수 있다. 유아의 건강은 유아 자신이 중요성을 인식하여 스스로 지켜나가는 것이 바람직하지만, 건강의 소중함이나 건강을 위해 필요한 체력 관리, 안전에 대한 대처 등을 가정이나 지역사회에서 함께 협력할 때 더욱 효과적으로 유지될 수 있다. 따라서 유치원에서 진행되는 교육과정에 대해 자세히 안내하고, 가정에서도 주제에 대해 자연스럽게 이야기 나누어 볼 수 있도록 하였다.

또한 유아과학교육의 중요성에 대해 학부모 강연회 등을 통하여 유아기 과학교육과 긍정적 자아 개념 형성을 위한 부모의 역할 등에 대한 주제를 다룸으로써 부모가 자녀의 과학교육에 대한 인식을 바꿀 수 있도록 하였다.

이러한 가정과의 협력을 돕기 위한 예들은 다음과 같다.

1) 가정통신문의 예

온누리 반 학부모님께

안녕하세요?

이번 주 온누리반 유아들은 우리 몸의 각 기관을 철물 마네킹을 이용하여 표현해 보는 시간을 가졌습니다. 따라서 우리 몸의 내부 모습을 표현하며 유아들은 신기하고 복잡한 몸의 구조와 각 기관의 생김새 및 역할에 대해 생각해 볼 수 있었습니다.

마네킹의 내부 구조를 구성하며 유아들이 궁금해 하던 뇌의 구조와 기능에 대해 예측해 보고 으리들의 생각을 책과 컴퓨터를 이용한 자료조사를 통해 살펴보았습니다.

★ 사람의 뇌에 대한 우리들의 생각

- 뇌는 3층으로 이루어져 있어요. 생각하는 뇌, 표현하는 뇌, 느끼는 뇌가 있어요.
- 뇌는 생각주머니예요. 알록달록 무지개색 선이 꼬여 있는데, 색깔마다 하는 일이 달라요.
- 뇌는 기쁨을 알 수 있는 뇌와 슬픔을 알 수 있는 뇌가 있어요.
- 뇌는 말을 할 수 있게 해주는 것과 사람의 이름을 알 수 있는 것이 있어요.

★ 자료조사를 한 후 알게 된 뇌

뇌는 컴퓨터예요. 걷고, 생각하고, 배우고, 잠자는 것 등 사람의 몸에서 일어나는 모든 일들을 뇌가 명령해요. 음식을 소화시키고, 나쁜 병과 싸우는 것, 기분이 좋고 나쁜 것도 뇌에서 먼저 느끼고 알려 주는 거예요.

유아들은 뇌가 생각과 공부를 하고 감정을 조절하는 부분이라는 생각을 가지고 있었으며, 몸을 움직이고 생활을 할 수 있도록 하는 일들은 뇌와는 관련지어 생각하지 못했습니다. 그러나 여러 책과 인터넷 검색을 통해 우리 몸의 모든 일을 명령하는 뇌의 구조와 역할에 대해 자세히 알아볼 수 있었습니다. 다음 주에도 우리 몸에 관해 표현하고 알아보는 활동은 계속 이어질 예정입니다.

또한 건강한 몸과 병든 몸에 대해서도 이야기 나누어 보았습니다. 내가 아팠던 경험을 이야기하며 사람의 몸이 병드는 이유에 대해 생각해 보았습니다. 유아들은 공중에 떠다니는 병균과 세균이 몸으로 들어와 우리가 아프게 되는 것이라는 이야기를 하였고, 과학자들이 이런 병의 치료법을 개발하게 되면서 우리가 아프지 않고 건강하게 살 수 있게 되었다고 하였습니다. 다음 주에는 병든 우리 몸을 치료하는 현대의 과학기술에 대해 알아보며, 미래에는 우리 몸을 도와주는 어떠한 기술들이 발견되고 발명될지 상상해 보는 시간을 가질 예정입니다. 내가 만약 미래의 과학자, 의사가 되어 병든 사람들을 도울 수 있는 의료기구와 의약품들을 만들어 본다면 어떤 것을 만들 수 있는지 생각해 보며 많은 사람들을 도울 수 있는 미래의 과학자에 대한 꿈을 키워 볼 예정입니다.

2) 현장학습을 위한 협조사항의 예

온누리반 유아들은 키가 자라고, 사용하던 이가 빠진 뒤 새로운 이가 나는 등 성장하는 자신의 모습을 발견하며 인체에 대한 다양한 궁금증을 갖기 시작하였습니다. 이러한 관심사에 따라 다음 주부터는 유아들과 함께 성장하는 각자의 모습을 살펴보고 우리 몸의 기능과 역할에 대해 알아보는 시간을 가질 예정입니다. 변화하는 유아의 모습과 건강에 관해 유아들과 이야기 나누어 보시기 바랍니다. 또한 10월 5일(금)에는 국립서울과학관의 노벨 사이언스 체험전으로 견학을 가고자 합니다. 우리 몸의 구조를 살펴보며 생명과 건강에 대해 생각해 보는 기회가 되기를 바랍니다.

3) 활동 자료를 위한 협조사항의 예

- 유아들과 '우리 몸을 도와주는 과학'이라는 주제로 활동을 진행하고 있습니다. 과학의 발전으로 우리 몸을 도와주는 도구와 기계 등에 대해 알아보고 있습니다. 고장난 안경, 목발, 허리 보호대, 무릎 보호대, 지압판, 안마기 등의 자료가 있으시면 유치원으로 보내 주시기 바랍니다. 교육활동의 자료로 소중하게 사용한 후 돌려드리겠습니다.
- 우리의 몸과 건강을 지키는 과학에 대해 이야기를 나누며 유아들과 미래의 의사, 과학자가 되어 보는 상상을 해 보고 있습니다. 이와 관련된 활동지를 함께 보내드립니다. 유아들과 지금은 치료하지 못하지만 미래에 치료하기를 원하는 병을 한 가지 선정하신 후 이 병을 치료하거나 검사하기 위해 필요한 기계나 도구, 의약품(예 : 사람 대신 수술하는 로봇, 죽지 않게 하는 약 등)들을 유아들이 상상해 볼 수 있도록 도와주시고 유아들과 함께 재활용품을 이용하여 발명해 보시기 바랍니다. 활동지를 통해 계획하고 만들어 보신 발명품들은 유치원으로 보내 주시면 소개의 시간을 가진 후 역할 영역의 미래 병원 놀이에서 사용하도록 하겠습니다. 학부모님들의 많은 관심 부탁드립니다.

6. 활동 전개의 예

우리 몸에 대해 관심 갖기

- 우리 몸의 성장과 변화 관찰하기
- 나의 키와 몸무게 측정하여 그래프로 표현하고 친구들과 비교하기

⬇

우리 몸에 대해 알아보기

- 우리 몸 큰 그림 그리기 활동을 통해 우리 몸의 구조 알아보기
- 우리 몸 내부 기관 표현하기를 통해 각 기관의 역할과 기능 알아보기
- 마네킹 인체 모형 만들기를 통해 친구들과 우리 몸에 대한 정보 공유하기

⬇

우리 몸에 대한 궁금증 탐구하기

- 뇌의 생김새, 구조, 기능 등에 대한 궁금증 토론하기, 생각 나누기, 자료 조사를 통한 우리들의 생각 확인하기
- 우리 몸이 자유롭게 움직이는 이유에 대해 생각해 보기 : 신체 표현하기, 할핀으로 이야기 꾸미기, 점토로 뼈 모형 구성하기 등을 통해 사람 몸의 움직임의 이유에 대해 알아보기
- 심장의 생김새, 구조, 기능 등에 대한 궁금증 토론하기, 모형 관찰과 실험활동을 통한 심장의 역할 알아보기
- 음식물의 소화과정에 대해 알아보기

⬇

우리 몸을 도와주는 과학에 관심 갖기

- 노벨 사이언스 체험전 경험하기
- 건강한 몸과 아픈 몸의 의미에 대해 알아보기
- 건강한 몸을 유지하기 위해 우리가 할 수 있는 일에 대해 알아보기
- 아픈 몸을 도와주는 과학(의약품, 도구와 기계, 의사 · 과학자 · 병원)의 역할 알아보기

⬇

미래의 과학자 되어 보기

- 미래 사회에 우리가 발명하면 좋을 의약품, 의료도구와 기계 등을 계획하여 발명해 보기 : 우리 몸을 도와주는 발명품 계획하기, 설계도 그리기, 재료 수집하기, 구성하기, 발명품 공유하기
- 발명품 전시회 및 노벨상 시상식 진행하기 : 우리들이 구성한 발명품을 효과적으로 소개할 수 있는 전시회 계획하기, 노벨상의 의미 알아보기, 온누리반만의 노벨상 만들기, 노벨상 시상식 계획하여 진행하기

⬇

활동에 대해 회상하기

- 주제를 전개하며 경험했던 활동들에 대해 회상하고, 이를 동시로 표현해 보기

1. 우리 몸에 관심을 가져요

2. 나의 몸에 대해 알아보아요

3. 우리 몸에 궁금한 것이 있어요

4. 우리 몸을 도와주는 과학이 있어요

5. 미래의 과학자가 되어 보아요

6. 즐거웠던 일, 알게 된 일들을 생각해 보아요

Ⅱ 주제 전개과정

Ⅱ 주제 전개과정

1. 우리 몸에 관심을 가져요

1) 성장하는 우리 몸에 대해 알아보기

유치원 시기의 유아들은 하루가 다르게 성장하며, 유아들 또한 자신의 성장에 대해 민감하게 반응한다. 2학기에 접어들면서 유아들의 성장을 알아보기 위해 신체검사를 하게 되었고, 신체검사를 기점으로 유아들은 자신의 몸에 나타나는 여러 가지 변화에 대해 관심을 가지고 우리 몸의 성장에 대한 이야기를 나누기 시작하였다.

자신의 변화한 몸의 모습에 대해 이야기를 나누며 유아들은 성장에 따라 자신의 모든 몸이 변화하고 있음을 느낄 수 있었다. 키, 몸무게, 손, 발과 같은 표면적으로 보이는 신체 부분 외에도 근육이나 뼈와 같은 신체 내부 기관의 성장과 변화에 대해서도 이야기 나누어 볼 수 있었다. 또한 자신의 모습 외에도 친구의 모습을 관찰하고 서로 비교하면서 몸에 대한 공통점과 차이점을 알아보고 각 개인이 가지고 있는 몸의 특징들을 인정해 보는 기회를 가질 수 있었다.

유아들이 표현한 우리 몸의 변화

2) 키와 몸무게 그래프로 표현하기

유아들은 예전에 비해 성장한 자신의 모습, 친구와는 다른 자신의 모습에 대해 이야기 나누며, 변화하는 자신의 몸에 대한 신비로움을 느꼈다. 이런 유아들에게 서로의 키와 몸무게를 비교할 수 있도록 자신의 키와 몸무게를 그래프로 표현하는 활동을 진행하게 되었다.

키와 몸무게를 측정하여 그래프로 표현하는 유아들

유아 1 : 이건 키를 재는 거고, 이건 몸무게를 재는 거야.

유아 2 : 우리 이거 한번 해보자. 아마 내가 제일 클걸.

유아 3 : 아니야, 내가 제일 커. 그럼 우리 누구 숫자가 더 큰지 볼까?

유아 2 : 음…. 넌 일일육.

유아 3 : 넌 백팔. 와, 내가 더 크다! 야호!

유아 2 : 선생님, ○○이가 나보다 더 큰 게 맞아요?

교사 : 음…. 그렇네. ○○이가 한 8cm 정도 크네.

유아 3 : 근데 키만 크다고 좋은 건 아니야.

유아 1 : 맞아, 키도 몸무게도 다 달라질 수 있어. 밥도 많이 먹고, 잠도 잘 자면 튼튼하게 자랄 수 있어.

유아 3 : 근데 8cm면 내가 얼마나 더 커야 ○○이만큼 되는 거지?

유아 2 : 너랑 나랑 뒤로 돌아서 키를 재 보면 되지. 너희가 봐 줘.

유아 1 : (손가락을 벌려 두 친구의 키 차이를 보여 준다.) 한 이만큼 차이 나.

유아 3 : 으…. 얼마큼인지 잘 모르겠다.

교사 : 그럼 어떻게 하면 정확하게 알아볼 수 있을까?

유아 1 : 숫자를 보면 알 수 있어요.

유아 2 : 근데 숫자를 잘 모르는 친구도 있어. 여기 숫자는 너무 커.

유아 3 : 전에 어디서 봤는데 끈 같은 걸로 키만큼 잘라서 붙인 다음 비교해 보면 누가 제일 큰지 알 수 있어.

교사 : 맞아, 그런 걸 그래프라고 해. 우리 그럼 같이 키랑 몸무게를 그래프로 나타내 볼까?

유아들은 친구들과 함께 키나 몸무게를 서로 비교하는 활동을 통해 수의 크기를 비교해 보며 수리적 개념을 발달시킬 수 있었다. 또한 유아들은 개인별 신체의 특성을 알 수 있었으며, 키가 크거나 작거나, 몸무게가 많이 나가거나 적게 나가거나 그것은 자신을 평가하는 절대적인 기준이 아니며, 항상 변화할 수 있다는 인식을 가질 수 있었다. 이는 유아들이 자신이 다른 사람과는 다른 독특한 존재임을 인식하게 되고 더불어 타인을 존중하는 점도 배울 수 있는 기회를 갖게 하였다.

2. 나의 몸에 대해 알아보아요

1) 우리 몸 큰 그림 그리기

유아들이 몸에 대해 관심을 가지게 됨으로 인해 자신의 몸을 직접 그림으로 그려 표현해 보도록 하였다. 자신의 몸을 혼자 큰 그림으로 그리는 것에 부담감을 느끼는 유아들이 많았기 때문에 팀을 나누어 그림을 그릴 수 있도록 하였다. 유아들은 눈에 보이는 얼굴, 팔, 다리 외에도 쉽게 눈에 띄지 않는 배꼽, 젖, 근육, 핏줄 등에도 관심을 갖고 그림으로 표현하였다.

우리 몸을 큰 그림으로 표현하는 유아들

유아 1 : 사람이 하나 더 생겼다.
유아 2 : ○○이 귀신이 생겼어.
유아 3 : 쳇, 내가 왜 귀신이야~
유아 4 : 속 안에 아무것도 없으니까 꼭 귀신같아.
유아 3 : 그럼 눈, 코, 입, 모두 그려 넣어 주면 되지, 그럼 내가 둘이 되는 건가?
유아 2 : 와, 그거 재미있겠다. 그럼 우리 ○○이 쌍둥이 만들어 주자.
유아 5 : 그럼 얼굴엔 눈, 코, 입이 있어야 돼.
유아 1 : 입엔 이도 그려야지. 그래야 음식을 먹을 수 있어.
유아 2 : 그럼 음식이 지나가는 길하고 소화할 수 있는 위, 장 같은 것도 있어야 해.
유아 3 : 음식을 먹으면 오줌이랑 똥도 나와. 오줌이랑 똥이 나오는 구멍도 그리자.
교사 : 와, 진짜 사람 같다. 그런데 우리 몸을 이루고 있는 것이 이것 뿐일까? 우리 몸을 이루고 있는 것은 또 무엇이 있을까?
유아 4 : 심장도 있어야 해요. 심장이 안 뛰면 죽은 거랬어요.
유아 5 : 뼈도 있어야 해. 우리 몸속에는 뼈도 있대. 뼈가 없으면 지금처럼 못 서고 오징어처럼 흐물흐물거릴 거야.

자신의 모습을 본뜬 큰 그림을 그려 봄으로써 유아들은 인체의 구성요소, 구조 및 역할, 각 기관의 필요성에 대해 이야기 나누어 볼 수 있었다. 유아들과 이러한 이야기를 나누는 가운데 눈에 보이지 않는 뇌와 뼈, 근육과 핏줄, 소화기관 등에 대해 궁금증을 갖고 있다는 것을 알 수 있었으며, 유아들과 인체의 내부 기관에 대해 알아보기로 하였다.

2) 우리 몸의 내부 기관 표현하기

유아들이 내부 기관에 대해 관심을 갖게 됨에 따라 내부 기관의 역할과 기능을 알아보기 전에 각 기관의 명칭 및 생김새를 알아보기 위하여 인체 모형을 관찰하고 각 모형을 그림으로 그리거나 색점토를 이용하여 표현해 보도록 하였다.

유아들은 특히 색점토로 내부 기관을 표현하는 것에 큰 흥미를 느꼈으며, 내부 기관의 생김새를 관찰하고 표현하는 가운데 자연스럽게 그 기관의 역할 및 특징에 대해서도 다루어 볼 수 있었다. 또한 유아들이 그린 몸 그림에 색점토로

우리 몸의 내부 기관을 표현하는 유아들

신비한 우리몸

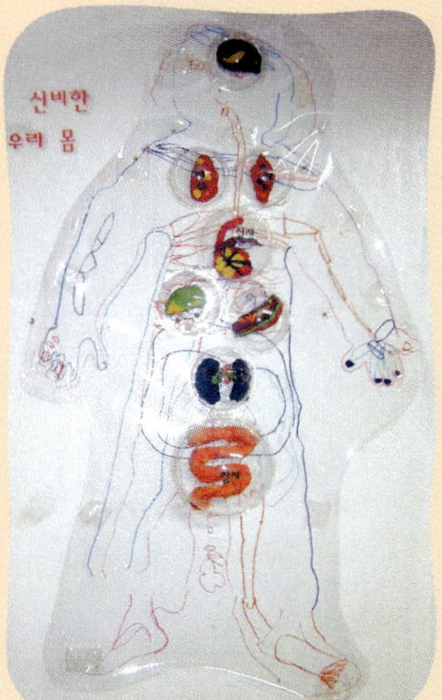

- **뇌 :** 뇌는 뉴런이라고 부르는 특별한 세포가 많이 뭉쳐 있어서 많은 선들이 엉켜 있는 모양이에요. 왼쪽과 오른쪽 두 개로 나누어져 있고 우리 몸의 움직임을 지시하는 조정실과 같아요. 뇌는 항상 지시를 내려 보내고, 몸이 보내는 정보를 받아요.
- **폐 :** 우리 몸을 이루는 모든 세포는 살아가기 위해 산소가 필요해요. 우리가 숨을 들이쉴 때마다 폐 속으로 공기가 들어오고, 이 공기는 혈액에 실려 몸 구석구석으로 운반되요.
- **심장 :** 심장은 혈액을 펌프질해서 몸 구석구석으로 보내는 일을 해요.
- **간 :** 우리가 먹은 음식물의 영양소를 종류별로 나누고 저장해요.
- **위 :** 음식물을 세게 휘저어 걸쭉한 반죽처럼 만들어요.
- **신장 :** 우리 몸의 모든 세포는 반드시 물이 필요해요. 우리 몸속 물의 양을 조절하는 것이 신장이에요. 또 혈액을 깨끗이 거르는 일도 하지요.
- **창자 :** 작은창자와 큰창자가 있는데 작은창자는 영양분을 흡수하고, 큰창자는 음식물의 찌꺼기들을 모으는 곳이에요.

만든 기관을 함께 배치해 줌으로 인해 유아들은 재미있다는 표현을 하며 몸에 대해 알아보는 활동에 더욱 몰입하는 기회를 가질 수 있게 하였다.

그러나 내부 기관을 만들어 보고 유아들이 알고 있는 사실을 바탕으로 이에 대해 이야기를 나누는 것은 몸에 대한 과학적 지식을 형성하는 데 한계가 있었다. 따라서 유아들과 몸에 관련된 도서를 찾아보며 유아들이 궁금해하는 몸의 기능에 대해 더욱 자세히 알아볼 필요가 있었으며, 유아들과 함께 알아본 내용을 '신비한 우리 몸' 이라는 제목으로 정리해 보기도 하였다.

3) 우리와 같은 몸의 마네킹 구성하기

유아들이 입체 구성에 대해 즐거움을 표현함에 따라 교사는 우리의 몸 탐구에 대한 유아들의 흥미도를 높이고, 학습효과를 극대화하기 위해 마네킹을 활용한 우리 몸 구성하기 조형활동을 계획하였다.

유아들은 옷가게에서 흔히 볼 수 있는 마네킹이 교실로 들어왔다는 사실 자체에 큰 즐거움을 느꼈으며, 속이 비어 있는 철제 마네킹을 어떻게 진짜 사람처럼 구성할 수 있을지 여러 아이디어를 교환해 보았다. 유아들은 최대한 실물과 비슷하게 만들기를 원하였고, 각 기관의 특징과 역할이 제대로 수행될 수 있도록 마네킹을 구성하도록 하는 것에 초점을 맞추어 다양한 재활용품을 활용하여 마네킹 구성하기 활동이 진행되었다.

얼굴은 풍선을 불어 반을 가른 후 머리와 눈 등을 구성하였고, 팔과 다리는 스타킹에 작은 풍선을 넣거나 호일관을 이용하여 표현하였다. 얼굴과 팔, 다리 등 하나하나 모습을 갖추어가는 마네킹을 보며 유아들은 '외계인 같다, 무섭다, 우리 몸속도 정말 저렇게 생겼을지 한번 열어서 보고 싶다' 는 등 다양한 반응을 나타내며, 인체 모형 만들기에 더욱 관심을 보였다. 신체 자료와 책을 살펴보며 인체 모습을 분석하고 비슷하게 만드는 것도 중요하겠으나 유아들이 몸의 기관에 대해 어떻게 생각하고 있는지에 대한 생각들도 존중하고 그것이 표현될 수 있도록 하는 것이 중요할 것이다.

마네킹의 외형적인 모습이 완성되자 유아들은 마네킹의 속이 비었음에 대해 이야기를 나누었다. 우리의 몸도 눈에 보이지 않는 부분에 각 기관이 살아 숨쉬

마네킹을 이용하여 우리 몸 구성하기

고 있듯이 마네킹의 내부도 비어 있으면 안 된다는 이야기를 하였고, 유아들과 함께 스타킹, 호스, 에어캡, 망사 등을 이용하여 마네킹의 내부에 소화기관을 만들어 보는 시간을 가졌다. 마네킹의 내부 모습을 표현하는 것에 있어 구성물을 내부로 넣는 통로가 작아 구성하기에 어려움이 있었지만 유아들은 책과 사진 자료를 참고하며 각 기관의 기능에 대해 알아보고 적절히 표현하였다.

유아들은 마네킹을 실제 사람과 같이 표현하려 하다 보니 표현이 실제와 같다고 생각되지 않으면 많이 실망하기도 하였다. 내부 기관은 유아들이 실제로 본 경험이 없는 만큼 사실적으로 표현하는 것 외에도 유아들의 상상 속의 모습을 자유롭게 표현하며 우리 몸에 대한 친근감과 관심을 가지고 탐구하는 태도를 기르는 것에 목표를 두고 지도할 필요성이 있었다.

3. 우리 몸에 궁금한 것이 있어요

1) 뇌에 대해 탐구하기

철물 마네킹에 뇌를 표현하기 위해 만든 종이 풍선이 완성되자 유아들은 뇌의 속도 만들어야 한다는 이야기를 하였다. 뇌의 속은 어떻게 구성되어 있을지 이야기를 나누었고 유아들은 다양한 반응을 보였다. 그냥 뇌는 기다란 선이 꼬불꼬불 꼬여 있고 그 안에 세포가 온몸을 돌아다니며 뇌의 명령을 전달한다는 유아서부터 사람의 몸은 아파트처럼 층이 나뉘어 있어서 뇌 안에서 일하는 요정이 엘리베이터를 타고 왔다 갔다 하며 뇌의 생각을 전한다는 유아까지, 사실적인 지식과 상상 속의 내용이 혼합되어 표현되는 것을 볼 수 있었다.

(1) 뇌에 대한 우리들의 생각

뇌에 대한 이야기를 나누는 동안 유아들이 뇌에 대해 다양한 생각들을 가지고 있음을 알 수 있었다. 유아들이 말한 내용들은 그림으로 표현될 수 있도록 하였고, 유아들의 생각을 벽면에 게시하여 모든 유아들이 우리 뇌의 구조와 기능에 대해 생각해 볼 수 있도록 하였다.

(2) 자료조사를 한 후 알게 된 뇌

유아들과 이야기를 나눈 후 실제 뇌의 역할을 책을 통해 알아보는 시간을 가졌다. 관련 동화책을 읽어 주자 어느 정도 뇌의 역할에 대해 이해하는 모습을 보였다. 유아들이 가진 궁금점에 대해 탐구해 보는 시간을 가질 때 유아들의 가설을 어느 정도까지 이해하고 받아들여야 하는지 고민이 되는 때가 많다. 사실적인 내용 전달을 통해 정확한 지식을 형성할 수 있도록 하는 것에 초점을 맞추어야 하는지, 유아들이 사고하고 생각하는 과정이 사실과는 멀더라도 계속적으로 수용해야 하는지 고민이 된다. 실제의 내용과 유아들의 가설 설정이 적절한 조화를 이룰 수 있도록 교사가 중재할 필요가 있다는 생각이 들었다.

유아들은 뇌를 생각과 공부를 하고 감정을 조절하는 부분이라는 생각을 가지고 있었으며, 몸을 움직이고 생활할 수 있도록 하는 일들은 뇌와는 관련지어 생

뇌에 대한 우리들의 생각을 표현해 보아요

뇌는 3층으로 이루어졌어요.
생각하는 뇌, 표현하는 뇌,
느끼는 뇌가 있어요.

뇌는 기쁨을 알
수 있는 뇌와 슬
픔을 알 수 있는
뇌가 있어요.

뇌는 생각주머니예요.
뇌는 복잡한 선이 꼬여 있는데,
선마다 하는 일이 달라요.

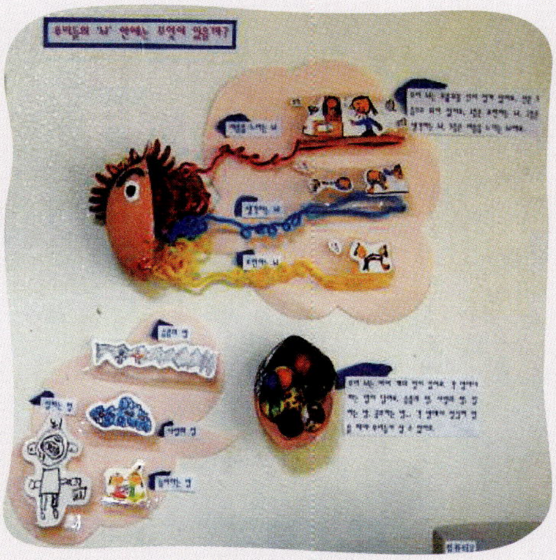

유아들의 '뇌'에 대한 생각을 벽면에 게시한 모습

뇌는 일을 할 수 있게
해 주는 것과 사람의 마음을
알 수 있는 것이 있어요.

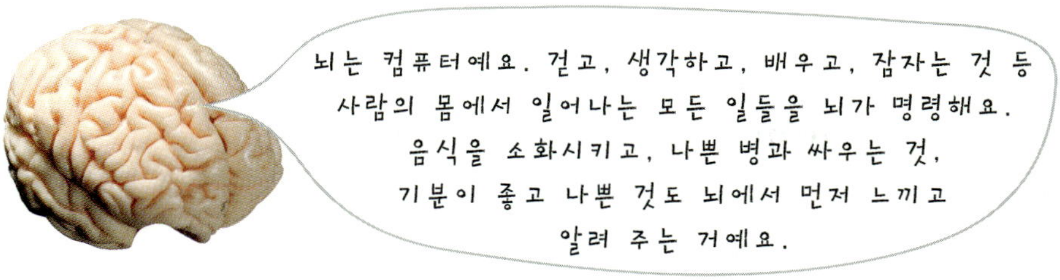

각하지 못했다. 그러나 여러 책과 인터넷 검색을 통해 우리 몸의 모든 일을 명령하는 뇌의 구조와 역할에 대해 자세히 알아볼 수 있었다.

2) 움직이는 우리 몸에 대해 탐구하기

유아들이 마네킹에 소화기관을 표현하며 각 기관이 손도 발도 없는 것들인데 어떻게 움직이고 일을 하는지 궁금해하였다. 사물에 대한 의인화 경향이 짙은 유아들은 요정이나 작은 난쟁이들이 몸속을 돌아다니며 일을 한다는 표현을 하기도 하였다. 몸속 세포를 요정과 난쟁이로 상상한 친구의 이야기를 들은 유아들은 그런 상상을 재미있어하였다. 우리 몸이 어떻게 움직일까라는 상상은 어렵고 복잡한 과학적 지식보다는 몸을 통해 새로운 시각의 상상을 하며 인체에 대한 관심을 넓히는 기회가 되었다.

(1) 우리 몸의 움직임 경험하기

관절 인형의 움직임을 따라하는 유아들

움직임에 대해 관심을 갖게 된 유아들과 함께 관절 인형을 살펴보는 시간을 가졌다. 인형을 다양한 형태로 변형시키고 인형의 모습대로 움직여 봄으로써 유아들은 우리들의 몸은 하나로 이루어진 것 같지만 피부 속의 몸은 움직이기 편하도록 부분부분이 나뉘어 있다는 것에 대해 생각해 볼 수 있었다.

유아 1 : 이 인형은 다 움직여. 손, 발, 무릎, 허리가 뱅글뱅글 돌아가네. 꼭 사람 같다.

교사 : 정말, 꼭 사람처럼 움직인다. 근데 이 인형은 어떻게 움직이는 걸까?

유아 2 : 인형을 사람 뼈처럼 나누고 움직이는 못으로 연결시켜서 그래요.

교사 : 그럼 사람의 몸도 그렇게 만들어졌을까?

유아 1 : 아니요. 사람 몸에 어떻게 못이 있어요. 사람 몸은 못 대신에 뼈가 있어요. 뼈가 있어서 우리가 쓰러지지 않고 설 수 있어요.

교사 : 그럼 뼈만 있으면 움직일 수 있는 걸까?

유아 1 : 음…. 뼈가 조각조각 나누어져 있으니까 움직이는 거예요. 그리고 근육이랑 관절이라는 게 뼈에 붙어 있는데 그것이 뼈가 부딪히지 않고 잘 움직일 수 있도록 도와줘요.

유아 2 : 우리의 몸은 뼈와 근육, 관절이 있어서 움직일 수 있어요.

관절 인형을 접해 본 유아들은 인형의 움직임과 사람의 움직임을 연관지어 생각하는 것을 볼 수 있었으며, 인형을 뼈로 인식하고 살갗 속의 뼈가 인형처럼 움직이기 때문에 우리가 자유롭게 움직일 수 있다는 생각을 하게 되었다.

(2) 할핀 인형으로 이야기 꾸미기

유아들이 움직임에 대해 관심을 갖게 된 만큼 움직임에 대해 생각해 볼 수 있도록 할핀을 이용한 인형 만들기를 계획하였다. 유아들은 아연판에 사람 그림을 그린 후 조각을 할핀으로 이어 인형 모형을 만들었다. 하나로 이어진 사람 그림을 조각으로 나누고 할핀으로 엮었을 때 움직임이 가능한 인형이 되는 것을 보면서 움직임에 대한 원리를 생각해 볼 수 있었다.

 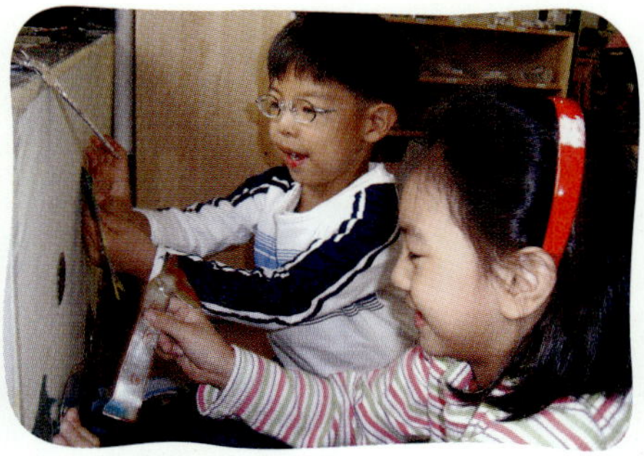

할핀 인형으로 이야기 꾸미기를 하고 있는 유아의 모습

유아들과 할핀 인형을 만든 후에는 움직이는 인형에 자석을 붙여 이야기 꾸미기를 할 수 있도록 영역을 마련해 주었다. 자신들이 만든 모형 인형에 자신과 친구를 대입하여 현재 자신들의 놀이 상황을 재현하는 모습도 관찰되었다. 인형이 머리, 몸통, 팔, 다리 등으로 나뉘어 있기 때문에 유아들은 움직임이 있는 상황을 재현하여 이야기 꾸미기가 용이하였다. 또한 할핀이 연결된 부분을 뼈마디로 인식해 볼 수 있었으며, 뼈의 움직임에 따라 움직임의 범위가 다름을 알아볼 수 있었다.

(3) 우리 몸의 뼈를 점토로 구성하기

관절 인형을 통한 우리 몸 움직이기, 할핀 인형으로 이야기 만들기 등을 통해 우리 몸의 뼈에 대해 생각해 본 유아들은 뼈가 마디마디로 나뉘어 있기 때문에 우리가 보다 자유롭게 움직일 수 있음을 알 수 있었다. 유아들은 이를 책을 통해 확인하며 우리 몸에 있는 200여 개의 뼈를 점토로 표현해 볼 수 있었다.

3) 심장에 대해 탐구하기

유아들과 심장 모형을 관찰하고 심장의 역할과 기능 및 혈액의 순환과정을 이해해 보는 시간을 가졌다. 심장은 유아들이 볼 수 없는 곳이기는 하나 그 역할과 기능에 대해서는 많이 들어 보았던 곳이라 심장 모형을 보고 심장이 펌프질하여 혈액을 흐르게 한다는 것은 쉽게 이해할 수 있었다. 심장 모형을 관찰하며 심장과 혈액과의 관계에 대해 생각해 볼 수 있는 좋은 기회가 될 수 있었다.

유아들이 점토로 표현한 우리 몸의 뼈

뼈는 조각이 너무 많은 것 같아요.
200여 개로 우리 몸을 다 표현하려니까 너무 힘들어요.
그래도 뼈가 이렇게 많이 나뉘어 있으니까
우리가 편안하게 움직일 수 있는 것 같아요.
우리가 쉽게 움직일 수 있도록 도와주는 뼈!
우리는 뼈를 소중하게 생각해야 해요.

심장 모형을 관찰한 후 관찰기록지에 기록해 보아요

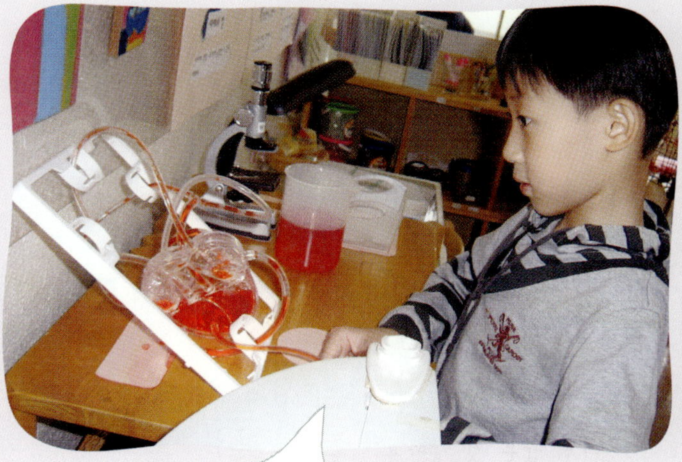

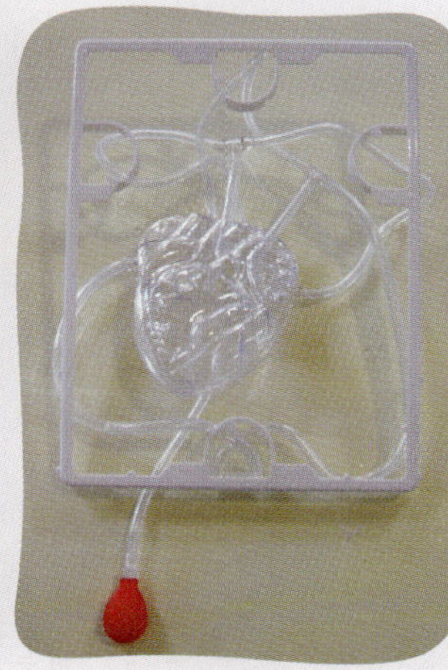

심장은 울퉁불퉁하게 생겼어요. 심장도 피도 모두가 빨개서 조금 징그러워 보이지만 심장이 없으면 우리는 살 수 없어요. 심장은 피가 만들어지는 곳이에요. 심장에서 만들어진 피는 핏줄을 타고 우리 몸에 퍼져요. 그래서 심장은 아주 중요한 우리 몸 중 하나예요.

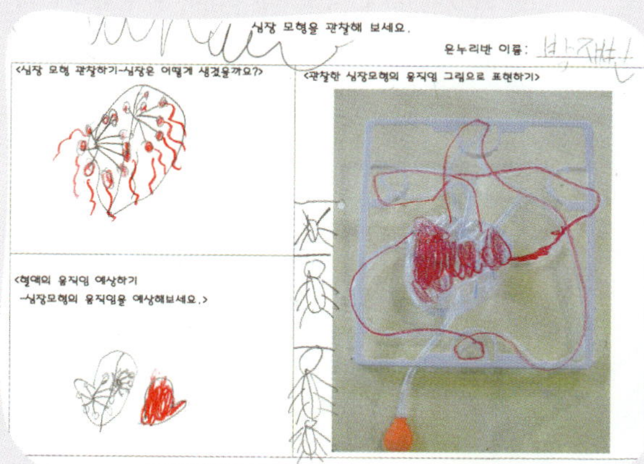

심장 모형을 관찰해 보세요.

온누리반 이름:

<심장 모형 관찰하기-심장은 어떻게 생겼을까요?>

<관찰한 심장모형의 움직임 그림으로 표현하기>

<혈액의 움직임 예상하기
-심장모형의 움직임을 예상해보세요.>

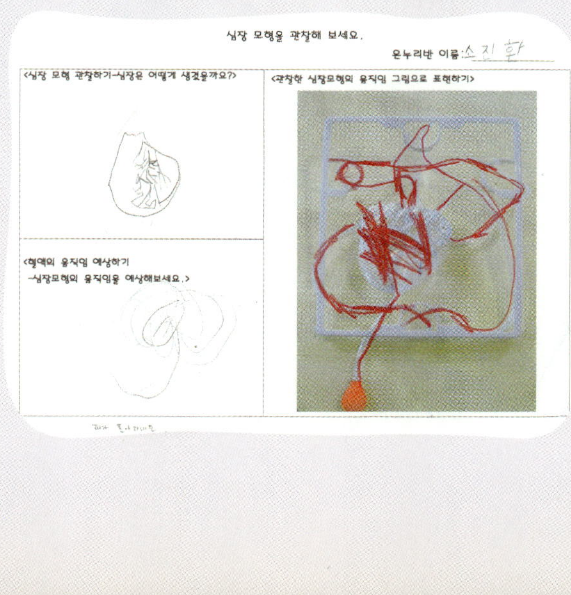

심장 모형을 관찰해 보세요.

온누리반 이름:

<심장 모형 관찰하기-심장은 어떻게 생겼을까요?>

<관찰한 심장모형의 움직임 그림으로 표현하기>

<혈액의 움직임 예상하기
-심장모형의 움직임을 예상해보세요.>

4) 소화기관에 대해 탐구하기

마네킹을 이용하여 인체 모형을 만들며 유아들은 신체의 내부 기관 중 위와 창자 등의 소화기관에 대해 많은 관심을 보였다. 유아들은 자신이 알고 있는 소화에 관한 지식들을 이야기하며 마네킹의 식도와 위, 창자 등의 소화기관을 따라 음식물이 흐르게 됨을 이해하였다. 이를 확인해 보기 위해 유아들이 만든 마네킹 인체 모형 호스에 물을 따라 물의 흐름을 실험해 보았고, 유아들은 물의 흐름을 보면서 음식물이 어떻게 흘러가는지 확인해 볼 수 있었다.

이처럼 유아들은 우리 몸 큰 그림 그리기, 우리 몸과 관련된 책 살펴보기, 인체 모형 관찰하기, 여러 가지 재료(상자, 점토, 철판)를 활용한 인체 구성하기 활동 등 다양한 방법을 통해 우리 몸의 구조와 각 기관의 역할 및 기능을 이해하고 표현할 수 있었다. 또한 그동안의 활동을 통해 우리 몸에 대해 나름대로 갖게 된 개념을 협동작품으로 표현해 보기도 하였다. 유아들은 서로의 토의를 통해 우리 몸이 어떻게 기능하고 있으며, 각 기관은 중요한 역할을 맡고 있는 소중한 것임을 알게 되었다.

소화기관에 대한 생각을 표현한 유아들의 협동작품

4. 우리 몸을 도와주는 과학이 있어요

1) 노벨 사이언스 체험전 경험하기

유아들과 서울과학관에서 열리는 노벨 사이언스 체험전을 다녀왔다. 노벨 사이언스 체험전은 노벨상의 유래와 내용을 통해 노벨의 과학정신을 살펴보고 노벨상 수상자의 과학적 탐구를 조명하는 전시회였다. 노벨과 노벨상, 생명의 신비, 창세기의 방, 질병을 극복하는 노벨 과학, 무병장수의 꿈 등 노벨상과 인간의 건강과 생명에 관련된 전시물이 있었다. 유아들이 이 모든 내용을 이해하기에

노벨 사이언스 체험전

는 어려운 점이 있었으나 체험전을 관람한 후 유아들은 인체 구성의 기본 단위인 세포, 몸속에서 뇌에게 정보를 전달하는 역할을 하는 신경과 같이 평소에는 잘 접해 보지 못했던 인체에 대한 정보를 얻을 수 있었다. 또한 유아들은 우리 몸을 치료해 주고 도와주는 의학과학기술(엑스레이와 MRI의 발명)과 노벨상에 대해 관심을 갖게 되었다.

2) 건강한 몸과 아픈 몸의 의미 알아보기

노벨 사이언스 체험전을 관람한 이후 유아들은 우리 몸의 건강에 대해 관심을 갖기 시작했다. 건강한 몸과 아픈 몸, 이를 치료하는 과학기술과 과학자들에 대해 이야기를 하였고, 우리 몸이 병드는 원인과 병든 우리 몸을 치료하는 현대의 과학기술에 대해 이야기를 나누어 보았다.

(1) 몸이 아프게 되는 이유 생각해 보기

유아들에게 내가 아팠던 경험이나 병원을 다녀온 경험에 대해 이야기할 수 있도록 하였다. 감기와 같은 작은 병부터 장염, 백혈병까지 유아들은 생각보다 병과 병원에 대한 경험들이 많았다. 이런 병들이 왜 걸리냐고 묻자 유아들은 병균이나 바이러스와 같이 눈에 보이지 않는 나쁜 균들이 우리 몸으로 침입해서 아프게 되는 것이며, 이러한 것들은 환경이 오염되고 우리가 건강관리를 제대로 하지 못했기 때문에 걸리는 것이라 이야기하였다.

교사 : 너희들 혹시 아파 본 적이 있니?
유아 1 : 네, 전 지금 감기에 걸려서 아파요.
유아 2 : 전에 군것질을 너무 많이 해서 배도 아프고 이도 아픈 적이 있었어요.
유아 3 : ○○이는 병에 걸려서 병원에 다니기도 해요.
유아 4 : 몸에 병이 드는 사람도 있지만 마음에 병이 드는 사람도 있대요.
교사 : 그렇구나. 그럼 사람들은 왜 이런 병에 걸리는 것일까?
유아 2 : 병균 때문이에요. 씻지 않거나 불량식품을 먹으면 병에 걸려요.
유아 3 : 음식을 너무 많이 먹어도 병에 걸리고, 음식을 많이 먹지 않아도 병에 걸려요.

몸이 아픈 상태를 표현한 유아들의 그림

대부분의 유아들은 질병과 그 원인이 되는 바이러스, 병균에 대한 기본적인 지식들을 알고 있는 편이었지만 눈으로 직접 보지 못했기 때문인지 이야기로 구체화하지 못했다. 그러므로 유아들에게 이와 관련된 사진 자료나 동영상 자료를 제공해 주어 생각의 폭을 확장시켜 줄 필요가 있었다.

유아들은 병을 일으키는 근원인 세균과 바이러스 자료 사진을 보면서 눈에는 보이지 않지만 병을 일으키는 세균과 바이러스에 감염되지 않도록 평소 건강한 생활을 습관화해야 함을 느낄 수 있었다.

병균에 대한 유아들의 생각

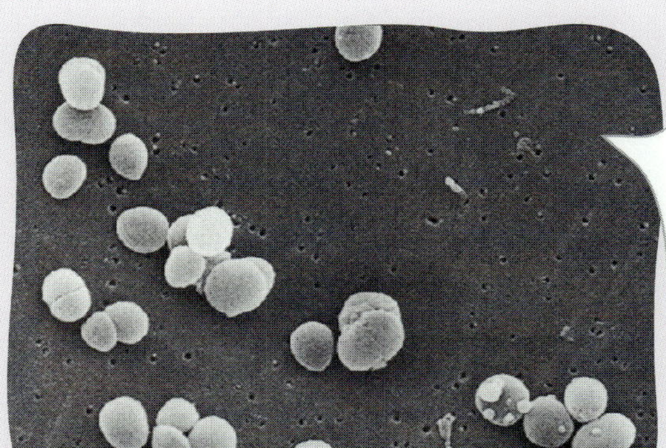

으. 이상하게 생겼어요.
작은 벌레가 꿈틀거리는 것
같아 간지러운 느낌이에요.
이런 것들이 내 몸에
들어오면 정말 이상하고
많이 아플 것 같아요.
병균이 침투하지 않도록
신경써야 해요.

(2) 건강한 몸을 위한 일에 대해 알아보기

사람들이 앓는 병과 병이 걸리는 이유에 대해 생각해 본 후 그렇다면 건강한 삶을 살기 위해서 우리가 할 수 있는 일은 없을지에 대해 유아들과 이야기를 나누어 보았다. 유아들은 자신이 알고 있는 건강한 삶을 위한 방법들을 이야기하였으며, 손 씻기와 음식 골고루 먹기 등 기본생활습관과 관련된 사항부터 병을 예방하기 위한 방법까지 건강에 대한 다양한 이야기들을 나눌 수 있었다.

교사 : 그럼 건강한 생활을 하려면 우리가 할 수 있는 게 뭘까?

유아 1 : 음식을 잘 먹어야 해요. 과자 같은 것 말고 밥이랑 반찬을 골고루 먹어야 튼튼해져요.

유아 2 : 씻는 것도 잘 해야 해요. 그래야 병균들이 몸에 못 들어와요.

유아 3 : 병원에도 잘 다녀야 해요. 독감주사나 예방접종주사는 착한 균이 우리 몸에 들어가서 나쁜 균을 없애 줘요.

건강한 삶을 살기 위해 우리가 할 수 있는 일들

또한 유아들과 건강한 생활을 위해 우리가 할 수 있는 일들을 중심으로 표어를 만들어 지어 보는 경험을 가졌다. 유아들은 포스터를 만들거나 자연보호 캠페인을 해 보기는 하였으나 막상 표어를 지어 보자고 하니 잘 이해하지 못했다. 교사는 유아들의 표어에 대한 이해를 돕기 위해 표어에 대한 정의를 알려 주고 유아들이 그동안 만들어 보고 사용해 보았던 표어들을 생각해 볼 수 있도록 하였다. '지구를 사랑하자, 쓰레기를 버리지 말아요.' 등의 말들을 생각하며 표어란 어떠한 일을 주장하거나 표현하기 위해 짧은 글로 나타낸 말이라는 것을 알 수 있었다. 유아들은 '병이 들면 병원에 가세요. 하나님께 기도하면 안 아플 수 있어요.' 등의 표어를 만들었다. 유아들은 건강과 병원을 아주 밀접하게 생각하고 있지만 자신의 생활습관과 건강생활과는 잘 연결 짓지 못했다. 따라서 유아들이 생활 속에서 실천할 수 있는 건강생활에 관한 표어를 지을 수 있도록 도울 필요가 있다. 또한 가정에서도 유아들과 건강관리 방법 대해 이야기를 나누어 보도록 권유하여 건강한 생활을 할 수 있는 생활습관을 형성할 수 있도록 연계할 필요가 있겠다.

유아들이 지은 표어

3) 아픈 몸을 도와주는 과학에 대해 알아보기

우리의 몸과 병, 건강에 대해 이야기를 나누며 자연스럽게 과학의 발전으로 우리가 병원이나 집에서 편리하게 사용하고 있는 의료기구나 보조기구에 대해서도 이야기를 나누어 볼 수 있었다. 유아들은 청진기, 체온계, 혈압계, 피부 수술을 하는 레이저, 밴드, 붕대, 안마기, 안경, 적외선 등, 엑스레이 등 다양한 종류의 기계와 도구에 대해 알고 이야기였다. 이러한 것들은 대부분 과학자들이 병을 치료하고 건강한 몸을 유지하기 위해 노력한 덕분이라는 것을 이야기해 볼 수 있었다. 이러한 이야기 나누기를 통해 유아들은 당연하게 우리가 사용하는 모든 물품들이 우리의 필요나 요구에 의해 발명되었다는 것을 새롭게 느껴볼 수 있었으며, 앞으로 우리 모두가 건강하고 행복한 삶을 살아가기 위해서 끊임없이 노력하고 연구하는 것이 필요하다는 것에 대해 알 수 있었다.

(1) 의약품

의약품은 우리 몸을 도와주는 것들 중에 유아들이 가장 많이 접해 본 매체였다. 때문에 의약품의 이로운 점을 쉽게 알 수 있었으며, 약에 대한 거부감을 없앨 수 있는 기회가 되었다.

여러 가지 알약

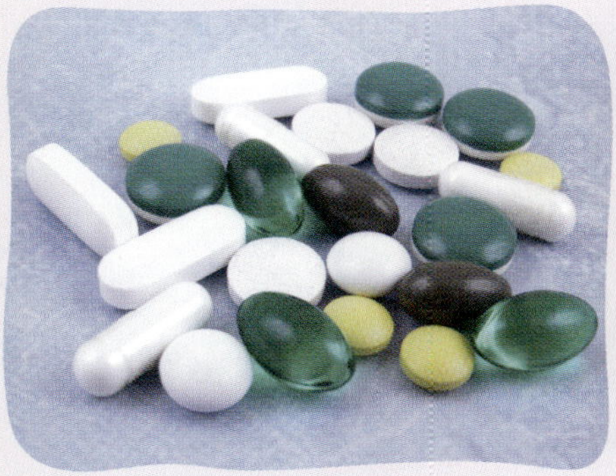

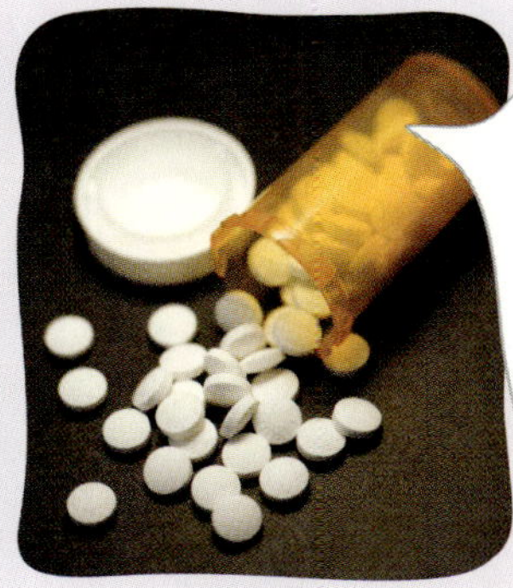

우리는 아프면 약을 먹어요.
약은 우리의 병을 고쳐 주기
때문에 고맙고 편리한 거예요.
하지만 약을 너무 많이 먹으면
또 다시 병이 걸릴 수 있어요.
약은 병원에서 먹으라는
만큼만 먹어야 해요.

(2) 기계와 도구

유아들은 우리 몸을 돕는 기계와 도구들의 사진과 실물을 관찰해 봄으로써 우리가 병에 걸리지 않거나 낫도록 돕는 것들이 아주 많이 있음을 알게 되었고, 이러한 것들이 모두 과학이 발달하게 됨에 따라 생기게 된 결과물이라는 것을 느낄 수 있었다.

우리 몸을 돕는 의료기계

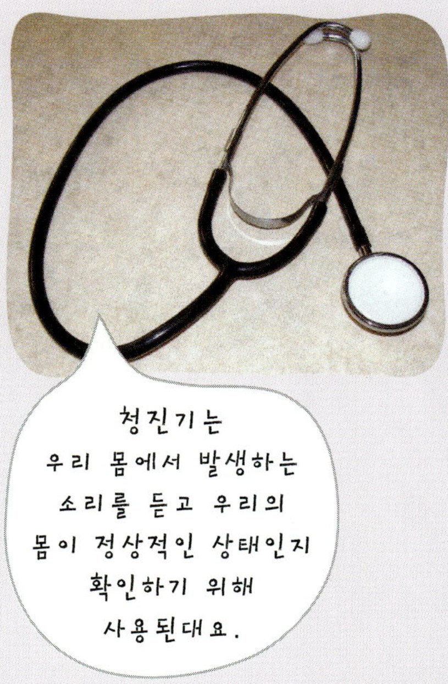

청진기는
우리 몸에서 발생하는
소리를 듣고 우리의
몸이 정상적인 상태인지
확인하기 위해
사용된대요.

엑스레이는 눈으로
볼 수 없는 물체의 내부를
찍는 사진이에요.
몸 안에 이물질을 발견하고
병을 진단할 수 있어요.

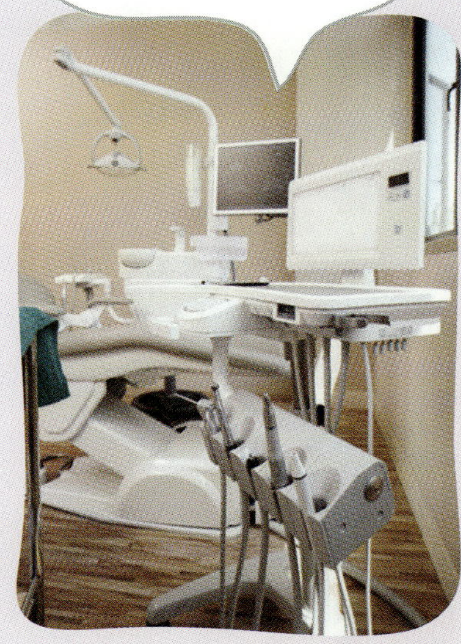

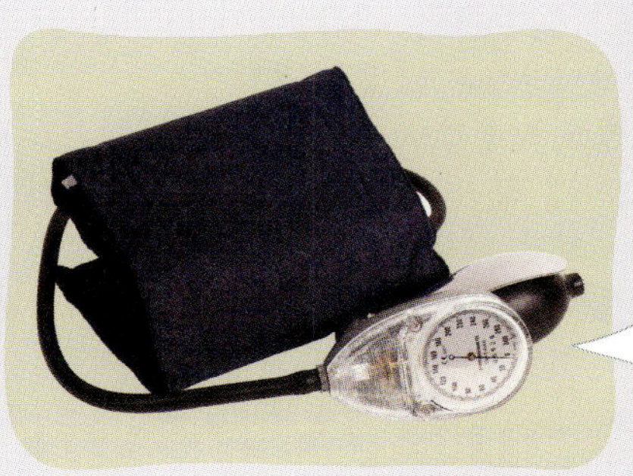

혈압계는 사람 몸 속의 피가
흐르는 정도를 측정하는 거예요.

(3) 의사와 과학자

유아들이 우리 몸을 돕는 의약품이나 의학도구들을 살펴보는 활동은 과학의 위대함을 느끼고, 이러한 것들을 만드는 사람에 대해 관심을 갖는 계기가 되었다.

특히 유아들은 노벨 사이언스 체험전 견학을 통해 노벨상을 받은 사람에 대해 깊은 관심을 나타내었다. 유아들은 노벨상과 같은 위대한 상을 받을 사람들은 어떤 사람들이며 어떤 일들을 했는지 궁금해하였고, 그동안 노벨상을 받은 사람들을 살펴보며 과학자나 의사 또는 노벨상에 대한 꿈을 키워 보는 시간을 가질 수 있었다.

노벨상에 대해 알아봐요

스미시스

에번스

카페기

노벨상은 다이너마이트를 만든 발명자
노벨이 만들었대요.
이 상은 세계에서 가장 권위 있는 상인데, 우리가
사는 이 세상에 공헌한 사람들이 받을 수 있는
상이래요. 올해 노벨 의학상은 세 명이나 받았어요.
세 박사님들은 우리의 질병을 일으키는 유전자에 대해
변형시키고, 대체할 수 있는 방법을 찾는 데 공헌했대요.

(4) 병 원

유아들은 과학의 발달로 인해 우리 몸에 큰 도움을 주는 것 중 하나로 병원을 꼽았다. 유아들은 옛날에는 병원이 없었으나 지금의 병원은 못고치는 병이 없을 만큼 중요한 일을 하고 있다고 하였다.

유아들의 이런 의견에 따라 가정에서 협조받은 여러 의료용품 및 소품을 사용하여 병원 놀이를 해 보는 기회를 가졌다. 유아들은 이미 병원 놀이를 많이 경험해 보았기 때문에 접수실, 진료실, 입원실, 약국 등으로 나누어 병원 놀이를 진행하는 모습을 볼 수 있었다. 많은 유아들이 병원에 관심을 갖고 놀이에 적극적으로 참여하였으며, 각자 역할을 나누고 그 역할에 맞는 행동을 하며 놀이할 수 있었다.

이런 유아들에게 미래의 병원을 상상하여 미래의 병원 모습을 놀이로 표현해 보도록 권유하였고 유아들은 미래 병원에는 발달된 기계와 도구나 의약품들이 지금보다 더 많이 있을 것이라 예상해 볼 수 있었다.

이러한 시간들은 유아들이 자신의 몸에 대한 지식을 쌓고, 발전하는 의약품과 의료기기와 같은 과학기술을 살펴보며 자신의 건강에 대해 생각해 보는 시간을 갖게 해 주었다.

미래 병원의 모습을 상상하고 쌓기 영역에 구성한 모습

5. 미래의 과학자가 되어 보아요

유아들이 관심을 가진 의약품, 의학도구, 노벨상에 대해 알아보면서 유아들은 이러한 것들은 많은 사람들이 노력한 결과물임을 알게 되었고 우리에게 큰 도움을 주는 일들을 언젠가 스스로 이루기를 원했다.

이러한 유아들의 생각에 따라 미래의 의사, 과학자로서 유아 스스로 직접 발명을 해보는 과정들을 경험해 보기로 하였다. 비록 우리가 만든 발명품을 실생활에서 사용할 수 있는 것은 아니지만 자신의 생각이 들어간 발명품을 만들어 봄으로써 미래 발명품의 기초를 다지고 노벨상의 꿈을 키워 보는 기회를 갖기로 하였다.

우리 몸과 과학

교사 : 우리 몸이 과학의 도움을 받는 것은 무엇이 있을까?
유아 1 : 병을 고치는 거죠. 의사와 과학자가 병에 대해 연구하고 치료법을 알아내요.
유아 2 : 체온계나 청진기 같은 것도 과학자들이 발명한 거예요.
유아 3 : 맞아. 옛날에는 병원도 없으니깐 오래 살지 못하고 죽었어.
유아 1 : 옛날에는 약이 없어서 풀이나 열매 같은 걸 갈아서 먹었어.
유아 2 : 지금은 과학자나 의사가 있어서 병원에 가면 아픈 걸 쉽게 나을 수 있게 해 줘.
유아 4 : 그런데 지금도 암이나 에이즈 같은 병은 병원에 가도 못 고치잖아.
유아 2 : 노벨 사이언스 체험전에 갔을 때 선생님이 지금 과학자들이 이런 병들에 대해 연구하고 있다고 했잖아. 앞으로 우리가 하면 돼.

우리는 미래의 과학자

유아 1 : 과학자가 되는 건 어려운 것이 아니야. 우리가 불편한 것에 대해 조금만 더 많이 생각해 보면 좋은 생각들을 할 수 있어.

유아 2 : 난 알러지를 치료할 수 있는 기계를 만들 거야. 공기에 있는 나쁜 병균들을 다 걸러내는 필터를 만들 거야.

유아 3 : 난 요술 의사 가운을 만들 거야. 이 가운은 병든 사람을 고치는 약이 모두 있어. 어떤 병인지 볼 수 있는 거울과 돋보기, 약을 줄 수 있는 주사도 있어.

유아 1 : 난 수술 로봇을 만들 거야. 사람이 컴퓨터에 입력만 하면 알아서 움직여서 쉽게 수술할 수 있는 로봇. 그럼 많은 아픈 사람들을 수술할 수 있어.

유아 2 : 와, 우리 이러다 노벨상 받겠다.

유아 3 : 나중에 우리가 받으면 되지. 난 사람들의 병을 치료하는 과학자가 돼서 노벨상을 받을 거야.

1) 내가 발명하고 싶은 의약품

먼저 간단히 내가 발명하고 싶은 의약품을 생각하여 모빌로 만들어 보는 시간을 가졌다. 유아들과 약을 먹었던 경험에 대해 이야기를 나누며, 내가 의사나 약사가 된다면 발명하고 싶은 약이 무엇이 있는지 이야기를 나누어 보았다.

대부분의 유아들은 실제로 어떤 병을 고칠 수 있는 약을 만들기보다는 약을 통해 자신의 소원이 이루어지기를 바라며 약을 만들었다. 물론 유아들이 제조한 약은 비록 실제로 먹을 수 있는 것은 아니었지만 유아들에게 자신이 고치고 싶은 병은 무엇이며 그에 도움을 줄 수 있는 방법은 무엇인지 등에 대해 관심을 갖게 해 주었다. 유아들이 만든 약은 미술 영역 위에 배치하여 친구들과 함께 서로의 생각을 공유해 볼 수 있도록 하였다.

나는 이런 약을 만들고 싶어요

나는 키가 작아서 싫어요.
키가 빨리 자라는 약을 발명하고 싶어요.
나는 모든 사람들이 행복했으면 좋겠어요.
그래서 웃음을 전하는 약을 만들고 싶어요.

맞아, 나도 행복해지는
약을 만들 거야.
나는 죽지 않는
약도 만들어야지.

미래 병원을 상상하여 구성한 교실

2) 내가 발명하고 싶은 의료기구

(1) 계획하기

유아들과 어떤 발명품이 만들고 싶은지 이야기를 나누었다. 사람 대신 수술을 해 주는 로봇, 알러지를 없애 주는 필터, 모든 병을 고쳐 줄 수 있는 마법의 의사 가운, 유기농 약, 건강 팔찌 등 유아들 다양한 생각이 들어간, 자신들이 앞으로 소망하는 발명품들을 계획하는 시간을 가졌다. 유아들의 이러한 생각들이 잘 표현될 수 있도록 발명하고 싶은 의료기구의 설계도를 그리도록 하였고, 가정에도 안내문과 함께 설계할 수 있는 종이를 보내 함께 연계하여 의료기구를 발명해 볼 수 있도록 하였다.

발명하고 싶은 의료기구 발표하기

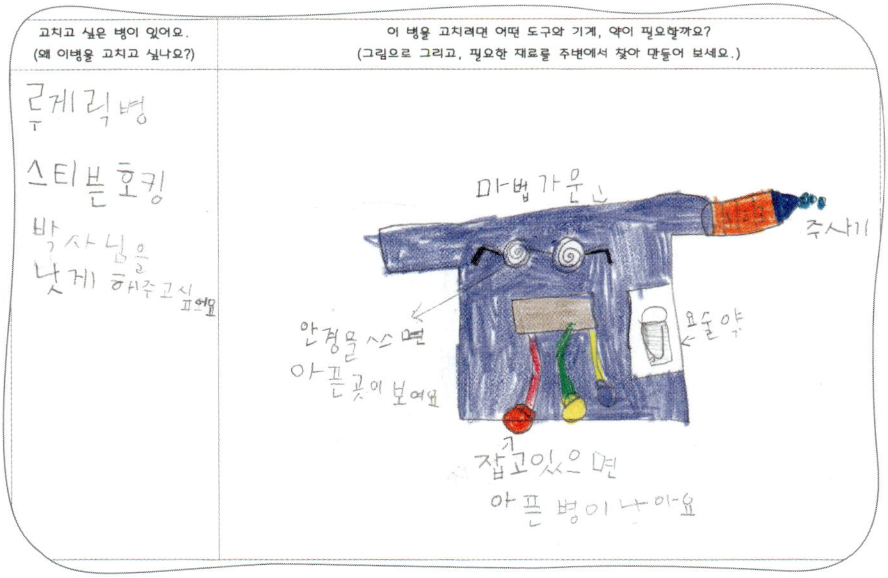

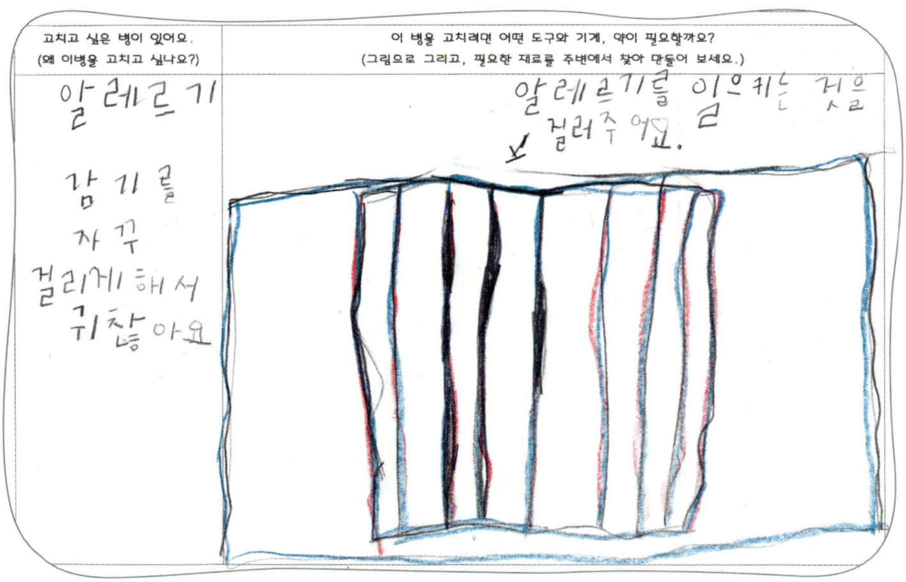

유아들이 발명하고 싶은 의료기구의 설계도

(2) 재료 수집하기

유아들과 자신이 계획한 발명품을 구성하기 위해 필요한 재료들은 무엇이 있을지 상의한 후 필요한 준비물을 수집해 보는 시간을 가졌다. 유아들은 발명품을 만드는 데 있어 자신이 사용해 본 비교적 다양한 종류의 준비물을 필요로 하였고, 유치원에서 준비가 가능한 유치원 물품과 가정에서 보내온 다양한 종류의 재활용품을 활용하여 발명품들을 만들어 보았다.

(3) 발명품 제작하기

미술 영역에서 유아들이 자유롭게 발명품을 개발해 볼 수 있도록 하였다. 유아들마다 발명품을 계획하고 완성하는 데에 차이가 있었기 때문에 충분한 시간을 제공하는 것이 필요하였으나, 미리 그린 설계도를 따라 발명품을 구성하였기 때문에 비교적 쉽게 진행될 수 있었다.

설계도를 그리고 발명품을 구상하는 유아들

자신이 만든 발명품을 친구들에게 소개하는 시간

(4) 발명품 공유하기

유아가 만든 발명품을 소개하고 공유하는 것은 유아들이 발명품 구성하기에 관심을 갖고 지속적으로 참여하게 하는 것에 무척 효과적이었다. 친구의 아이디어에 자극을 받아 더 새롭고 재미있는 발명품을 생각해 내는 유아도 있었으며, 발명에는 전혀 관심이 없었던 유아들도 친구가 소개하는 발명품을 보면서 새롭게 발명품을 만들기 위해 도전하기도 하였다.

3) 발명품 전시회와 노벨상 시상식

유아들과 주제를 마무리해 가는 시점에서 친구들과 자신이 만든 발명품을 다른 친구들과 공유할 수 있도록 발명품 전시회를 계획해 보기로 하였다. 또한 전시회에서는 단순히 친구들의 발명품을 보는 것뿐만이 아니라 노벨 사이언스 체험전에서 경험했던 것처럼 잘 만든 친구에게는 노벨상을 수여하기로 하였다. 유아들과 이런 전시회를 계획함으로써 발명품 만들기에 대한 관심도를 높일 수 있었으며, 유아들이 자신의 발명품을 구성하는 데 보다 심혈을 기울이는 모습을 볼 수 있었다.

또한 색점토를 이용하여 유아들이 직접 온누리반 노벨상을 제작하도록 하였는데 상이라는 것이 유아들에게 발명을 격려하는 촉매제가 되었으며, 미래의 노벨상을 꿈꾸며 발명을 하는 기회를 갖게 하였다.

(1) 노벨상 만들기

유아들과 노벨상 및 다양한 상의 종류를 관찰한 뒤 온누리반 발명품 전시회에서 사용하게 될 온누리반 노벨상을 디자인하고 직접 만들어 보는 시간을 가졌다. 유아들은 자신의 발명품을 대상으로 투표와 수상이 이루어진다는 사실에 즐거움을 표현하며 빨리 상을 만들었으면 좋겠다는 이야기를 하였다.

유아들이 발명품 전시회에서 받게 될 온누리반 노벨상은 유아들이 진행하는 활동에 대한 동기부여와 보상이 되었다. 특히 발명활동에 관심이 없는 유아들을 발명활동에 참여시키는 기회를 마련하는 계기가 되었다.

노벨상을 제작하고 있는 유아들

(2) 전시회 및 시상식

발명품과 노벨상의 준비를 마친 후 온누리반 발명품 전시회를 준비했다. 자신이 만든 미래의 발명품을 친구들과 공유하기 위해 전시장을 마련하고 발명품의 이름, 사용법, 효과 등을 설명할 수 있는 안내판을 만들어 소개할 수 있도록 하였다.

준비가 끝난 후 모든 유아들과 함께 옥상의 잔디놀이터에 구성해 놓은 전시회장을 둘러보았다. 전시회는 자신이 만든 발명품에 대해서는 잘 알고 있지만 친구들이 만든 발명품이 과연 어떤 것인지, 어떻게 사용할 수 있는지 공유할 수 있는 시간이 되었다.

유아들은 나의 발명품을 자랑스러워하며 친구들에게 소개해 주기도 하고, 친구들의 발명품을 관찰하고 직접 사용해 보는 등 자유롭게 관람하였다. 여러 발명품을 접해 볼 수 있었던 전시회를 통해 유아들은 발명이란 어려운 것이 아니며, 우리의 필요에 의해 탐구하면 발명품을 만들어 낼 수 있다는 자신감을 키울 수 있었다.

시상식에서는 서로의 발명품을 칭찬하며 노벨상을 나누어 가졌다. 유아들은 실제로 이러한 것들이 발명된다면 아픈 사람이 없는 행복한 세상이 될 것이라며 나중에 커서 꼭 발명을 해 보겠다는 다짐을 하기도 하였다.

발명품 전시회를 준비하는 유아들

발명품 전시회와 노벨상 시상식

6. 즐거웠던 일, 알게 된 일들을 생각해 보아요

주제를 마무리하며 유아들에게 지금까지의 활동을 회상하고 이를 동시로 표현해 보도록 하였다.

우리 몸을 도와주는 기계와 도구들을 보면 어떤 느낌이 드는지, 우리가 발명한 발명품들을 보며 어떤 기분이 드는지 등 주제를 전개하며 느낀 점들을 자유롭게 이야기해 볼 수 있도록 하였다. 유아들은 여러 기계와 도구가 있어 우리가 아프지 않고 편리하게 살 수 있으며, 이러한 것들은 의사나 간호사, 과학자들이 만들어 내는 것이기 때문에 이들에게 고마워해야 한다고 이야기하였다. 또한 자신들이 재활용품으로 만든 발명품들을 보며, 나중에 정말로 이런 물건들을 만들어 노벨상을 받고 싶다는 이야기를 하였다.

유아들이 지은 동시를 보며 유아들이 이번 주제를 어떻게 받아들이고 어떤 생각을 갖게 되었는지 알 수 있었다. 과학과 발명이라는 것을 유아들이 어렵지 않게 받아들일 수 있게 되었다는 것이 이번 주제의 가장 큰 수확이라 할 수 있겠다. 유아들이 이번 주제에 참여하면서 다양한 의료기구의 편리함과 발명의 중요성을 알게 되었고, 발명가로서의 꿈도 키울 수 있었음을 동시 짓기 활동을 통해 확인해 보았다.

노벨상을 받고 싶어요

청진기, 체온계, 혈압계는 참 고마운 도구예요.
우리가 아픈 것을 알려 주니까요.

의사, 간호사, 과학자는 고마운 사람이에요.
우리가 아플 때 치료해 주니까요.

수술 로봇, 마법의 가운, 레이저 치료제, 건강 팔찌….
지금은 없는 물건이지만 우리가 발명할 거예요.
아픈 사람들을 도울 수 있잖아요.
열심히 공부하고 연구해서 노벨상을 받고 싶어요.

과학자가 될 거예요

노벨상은 받기 어려워요.
그치만 노력하고 발명품을 잘 만들면 되요.

안 졸리는 발명품을 만들 거예요.
과학자가 되어 볼 거예요.

35세에는 과학자가 될 거예요.
아빠랑 같은 나이예요.

주제를 마치며

유치원 교육과정에서 '몸'에 대한 주제는 흔히 다루어지는 교육내용 중 하나이다. 유아들이 자신의 신체에 대해 관심을 가지는 시기에 적극적인 탐색활동을 통하여 신체 주요 부분의 이름과 기능을 알고, 나아가 우리 몸의 성장 과정에 대해 알아보는 것은 유치원 교육과정에서 다루어야 할 과학교육의 중요한 내용 중 하나라고 할 수 있다.

그러나 유치원 시기에 꼭 다루어야 할 과학교육의 내용인 이 주제를 유아들의 수준과 흥미에 맞게 진행할 수 있을지에 대한 많은 고민이 필요하다. 유아들은 우리의 몸에 대한 많은 의문과 호기심을 갖고 있으므로 교사는 유아들에게 단순한 사실만을 전달해서는 안 된다. 신체 주요 부분의 이름과 기능, 성장, 중요성에 대해 이야기하는 것 외에도 유아들이 궁금해하는 의문점들을 관찰, 비교, 측정, 실험, 토의, 창안 등의 과정을 통해 스스로 해결해 볼 수 있도록 하는 것에 초점을 맞추어야 한다.

'우리의 몸을 도와주는 과학' 주제는 크게 우리 몸에 대한 인식과 더불어 현대 과학문명의 발달과 이러한 발달로 인해 우리가 얻게 되는 이점에 대해 알아보는 것에 중점을 두었다.

'우리 몸'에 대해 알아보기 위하여 유아들과 다양한 표상활동을 통해 신체 주요 부분에 대해 알아보는 과정을 경험하였다. 유아들에게 몸에 대해 알아보는 과정이 다소 지루하거나 어려울 수 있기 때문에 유아들이 재미있게 활동에 참여할 수 있는 입체작품 구성하기 활동이 많이 진행되었으며, 이로 인해 유아들의 흥미도가 높았다.

유아들의 흥미도를 지속시키기 위해서는 유아들이 궁금해하는 것이 무엇인지 알아보고 그것에 대해 직접 탐구해 보는 시간을 가져야 했다. 유아들이 몸에 대해 궁금해하는 점들을 목록으로 만들고 질문에 대한 대답을 유아 스스로 해 보도록 하였다. '사람의 머릿속은 무엇으로 이루어져 있을까요?', '사람 몸은 왜 말랑말랑할까요?', '이빨은 빠지면 왜 다시 날까요?', '사람의 피부색은 왜 다른가요?' 등 유아들은 어른들이 생각하는 것보다 훨씬 더 다양하고 재미있는 질문목록을 만들어 내었으며 이에 대한 답을 찾기 위해 관찰, 예측, 실험, 비교, 토의, 창안 등의 다양한 과학의 과정을 경험할 수 있었다. 더불어 우리 몸을 도와주는 여러 가지 도구와 기계, 의약품, 과학자들에 대해 알아보면서 유아들은 과학의 편리함과 이점을 충분히 느낄 수 있었다.

'우리 몸을 도와주는 과학' 주제는 유아들이 자신의 몸에 대해 알아보면서 각자의 몸을 스스로 관리할 수 있도록 하였으며, 자아에 대한 존중감을 키울 수 있었다. 또한 발명하기 과정을 통해 과학을 어려운 학문이 아닌 재미있고 실생활에 도움이 되는 꼭 필요한 영역으로 인식할 수 있는 계기가 되었으며, 유아들이 끊임없이 탐구하고 노력하면 자신도 언젠가는 노벨상을 탈 만한 과학자가 될 수 있을 것이라는 과학자로서의 꿈을 키울 수 있는 기회가 되었다.

힘들고 지칠 때마다 온누리반 아이들의 모습을 생각하면 절로 웃음이 납니다. 아이들과 함께 한 활동들을 정리해 보며 나의 추억의 한 자락이 커지는 것을 느낍니다.
언제나 즐겁고 유쾌하게 유치원 생활을 해준 아이들과 항상 든든한 버팀목이 되어 주시는 선생님들께 감사함을 전합니다.
온누리반 친구들, 그리고 선생님들…. 모두 사랑합니다!!

2008년 여름
온누리반 교사 정은주

Ⅲ

교사를 위한 교육활동안

Ⅲ 교사를 위한 교육활동안

1) 교육활동안 : 활동의 예 1

활동명	성장하는 나의 몸 (그래프로 표현하기)	대상 연령	만 5세
		활동 영역	수
교육 목표	• 성장하는 나의 모습에 관심을 갖고 나의 몸의 특징을 알아본다. • 나의 키와 몸무게의 수치를 그래프로 나타낼 수 있다.		
활동 자료	신장계, 체중계, 전지 혹은 아세테이트지, 라인테이프, 스티커  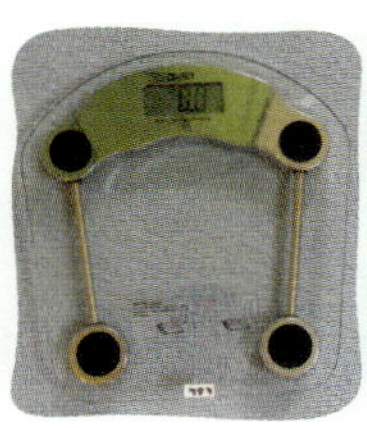  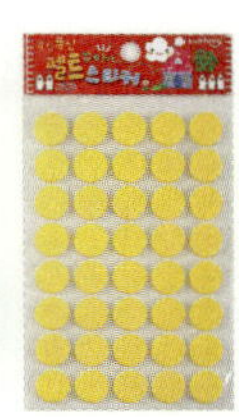		
활동 내용	1. 신장계와 체중계를 탐색해 본다 교사 : 어떻게 생겼니? 이름이 무엇일까? 무엇을 하는 것일까? 유아 : 기다란 막대가 아주 커요. 위에 있는 막대는 올라가기도 하고 내려가기도 해요. 네모난 모양 위에 숫자가 나타나요. 이건 키와 몸무게를 재는 것이에요.		

활동 내용

2. 신장계와 체중계의 정확한 사용방법을 알아본다

교사 : 어떻게 사용하는 것일까?
키를 재는 것은 옆에, 몸무게를 재는 것은 위에 숫자가 나타나요.
키를 잴 때는 신발을 신으면 안 돼요. 기둥에 허리를 대고 똑바로 서서 옆에 자에 나타난 화살표의 숫자가 나의 키예요.
몸무게를 잴 때도 신발을 신으면 안 돼요.
몸을 움직이면 숫자도 움직여요. 올라가서 숫자가 움직이지 않을 때까지 가만히 서 있어요.

3. 신장과 체중을 재어 그래프로 나타낸다

유아 : 나의 키는 110cm이고, 몸무게는 20kg이 나왔어요.
교사 : 친구들의 키가 어떤지 비교해 보려면 어떻게 할 수 있을까?
유아 : 키와 몸무게를 잰 다음 숫자를 써서 누가 가장 큰지 보면 돼요.
숫자가 크면 어떤 게 가장 큰지 알기 힘드니까 그냥 키대로 줄을 잘라서 붙이면 쉽게 알 수 있어요.
몸무게도 1kg에 스티커 하나씩을 붙이면 가장 길게 붙어 있는 친구가 가장 많은 몸무게가 나간다는 것을 알 수 있어요.

4. 그래프를 보며 친구들의 키와 몸무게를 비교해 본다

유아 : ○○이가 우리 반에서 가장 키가 커요.
○○이랑 △△는 이만큼 키 차이가 나요.

5. 활동에 대해 회상하며 느낀 점에 대해 이야기 나눈다

유아 : 비닐에다 그래프를 만드니까 여기에 다시 키를 대볼 수 있어 좋아요.
키 재기, 몸무게 재기에 숫자가 많이 나오지만 이렇게 쉽게 볼 수 있으니까 재미있어요.

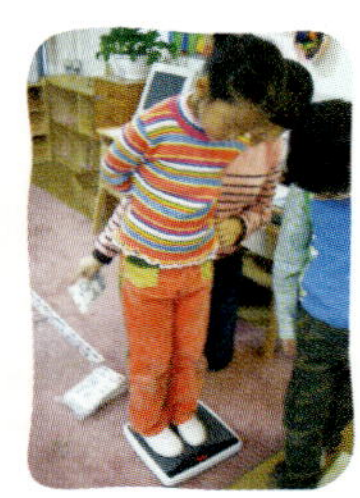

평 가

키와 몸무게를 재고 이를 그래프로 표현하는 활동은 유아들에게 키와 몸무게의 수치를 알게 함으로써 100단위 이상의 수치를 비교해 보는 기회를 제공하였으며, 라인테이프와 스티커로 수치를 확인해 보면서 친구들과 키와 몸무게를 쉽게 비교해 볼 수 있도록 하였다. 또한 그래프를 아세테이트지에 표현하고 이를 천장에 달아 주어 유아들이 자연스럽게 자신의 키와 몸무게에 대해 이야기를 나눌 수 있었고, 이를 통해 나의 몸에 대한 궁금증들을 표현해 보는 기회가 되었다.

2) 교육활동안 : 활동의 예 2

<table>
<tr><td rowspan="2">활동명</td><td rowspan="2">우리 몸 빙고 게임</td><td>대상 연령</td><td>만 5세</td></tr>
<tr><td>활동 영역</td><td>수</td></tr>
<tr><td>교육 목표</td><td colspan="3">• 빙고 게임의 방법을 안다.
• 빙고 게임을 통해 우리 몸의 역할 및 기능에 대해 알아본다.</td></tr>
<tr><td>활동 자료</td><td colspan="3">빙고 게임판, 우리 몸 카드, 덮개 카드</td></tr>
<tr><td>활동 내용</td><td colspan="3">1. 빙고 게임의 재료를 살펴본다
교사 : 어떻게 생겼니? 이름이 무엇일까? 어떻게 사용하는 것일까?
유아 : 게임을 하는 것이에요.
판이 있고 카드가 많이 있어요. 판에는 우리 몸에 있는 기관의 그림과 이름이 써 있고, 카드에는 기관이 하는 일에 대해 써 있어요.

2. 게임 방법을 알아본다
교사 : 어떻게 게임을 하는 것인지 함께 알아보자.
유아 : 여기 게임 방법이 써 있어요.
게임방법 • 게임판을 나누어 갖고 순서를 정한다.
• 빙고 카드와 덮개 카드를 나누어 놓고 빙고 카드는 보이지 않게 한다.
• 게임 순서대로 빙고 카드를 하나씩 뒤집는다.
• 빙고 카드에 있는 기관의 이름과 기능을 읽는다.
• 내 빙고판에 기관이 있으면 덮개 카드로 덮는다.
• 모든 기관을 덮개 카드로 덮으면 '빙고'를 외치고 게임은 끝난다.

3. 게임의 방법대로 게임을 진행한다

4. 게임을 진행한 후 느낀 점에 대해 이야기 나눈다
유아 : 같은 그림을 찾아 카드를 빨리 덮는 것이 재미있었어요.
눈에 보이지 않는 우리 몸속의 기관들이 어떤 일을 하는지 알 수 있었어요.
</td></tr>
<tr><td>평 가</td><td colspan="3">간단한 게임을 통하여 유아들이 각 기관의 생김새 및 역할에 대해 알아볼 수 있는 기회가 되었다. 유아들에게 각 기관의 역할을 일방적으로 알려 주는 것이 아니라 게임을 통해 자연스럽게 습득할 수 있게 함으로써 학습의 효과를 극대화할 수 있었으며, 게임활동을 통해 수학적 탐구능력을 길러 보는 기회가 되었다.</td></tr>
</table>

3) 교육활동안 : 활동의 예 3

<table>
<tr><td>활동명</td><td>우리 몸 큰 그림 그리기</td><td>대상 연령</td><td>만 5세</td></tr>
<tr><td></td><td></td><td>활동 영역</td><td>조형</td></tr>
<tr><td>교육 목표</td><td colspan="3">• 우리 몸의 구성요소에 대해 알아본다.
• 다양한 방법으로 우리 몸을 표상해 보며 각 기관의 역할과 기능에 대해 관심을 갖는다.</td></tr>
<tr><td>활동 자료</td><td colspan="3">아세테이트지, 매직, 아크릴 물감, 참고도서, 색점토, 아크릴 반구</td></tr>
<tr><td>활동 내용</td><td colspan="3">1. 우리 몸은 어떻게 구성되어 있는지 생각해 본다
교사 : 우리 몸은 어떻게 구성되어 있니?
유아 : 우리 몸은 얼굴, 몸, 팔, 다리, 발 등으로 되어 있어요.
얼굴은 눈, 코, 입, 귀, 눈썹, 머리카락 등 많은 부분으로 나눌 수 있어요.
우리 몸은 눈에 보이는 부분도 있지만 보이지 않는 부분도 있어요.
심장, 신장, 위, 간, 폐 등 이런 건 눈에 안 보이지만 없으면 우리가 움직일 수 없어요.

2. 우리 몸을 표현할 수 있는 방법에 대해 생각해 본다
교사 : 너희들 말대로 우리 몸을 구성하고 있는 모든 것들을 표현해 보려고 해. 어떻게 해야 모든 것을 다 표현할 수 있을까?
유아 : 그걸 다 그리려면 그림이 아주 커야 해요.
사람 크기만큼 큰 그림을 그리면 모든 걸 다 표현할 수 있을 거예요.
전에 어디서 봤는데 한 명이 종이 위에 누운 다음 모양대로 그림을 따라 그리면 아주 큰 사람 모양이 되요.

3. 외곽선을 그린 후 우리 눈에 보이지 않는 기관들은 자유롭게 표현해 보도록 한다
교사 : 이 그림 외에 더 필요한 것들을 그려 보자.
너희가 이 그림에는 잘 표현되지 않았다고 생각되는 것을 더 그려 넣거나 점토, 재활용품 등으로 만들어 넣어도 돼.
유아 : 여기에는 핏줄이나 뼈, 위처럼 우리 눈에 잘 보이지 않는 것이 없어요.
눈에 보이지 않는 것까지 다 그린다면 우리 몸을 한눈에 알 수 있어요.

4. 그림을 채워 넣을 때는 유아들이 그리는 몸의 기능에 대해 이야기해 보도록 한다
교사 : 이 기관은 우리 몸에서 어떤 일을 하는 곳이니?
만약 이것이 없다면 어떻게 될까?</td></tr>
</table>

<table>
<tr><td>활동 내용</td><td>5. 활동을 마무리한 후 활동을 전개한 느낌에 대해 이야기 나눈다
교사 : 우리 몸 큰 그림을 그리고 나니 어떤 느낌이 드니?
유아 : 우리 몸은 정말 많은 것이 있는 것 같아요.
우리는 이것을 모두 소중하게 다루어야 해요.
 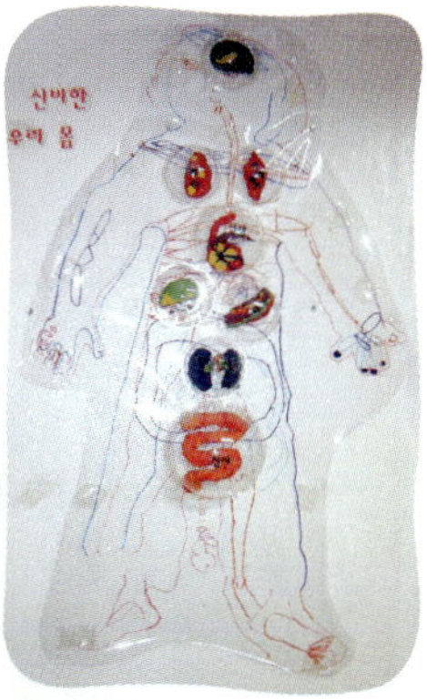
</td></tr>
<tr><td>평 가</td><td>유아들과 그림을 그리고 난 후 모든 것이 평면으로 이루어져 있어 사람의 내부 기관까지 다 그렸지만 그것이 어떤 것인지 잘 구분하기 힘들다는 이야기를 하였다. 또한 매직과 물감으로만 모든 것을 표현하기에는 무리가 있었다. 그 후 색점토를 가지고 유아들이 알고 있는 기관들을 입체적으로 제작하게 하였고, 이를 큰 그림 위에 부착함으로써 보다 완성된 사람의 모습을 표현할 수 있었다.</td></tr>
</table>

4) 교육활동안 : 활동의 예 4

<table>
<tr><td rowspan="2">활동명</td><td rowspan="2">인체 모형 관찰하기</td><td>대상 연령</td><td>만 5세</td></tr>
<tr><td>활동 영역</td><td>과학</td></tr>
<tr><td>교육 목표</td><td colspan="3">• 인체 모형을 관찰하며, 눈에 보이지 않는 인체의 내부 기관에 대해 관심을 갖는다.
• 우리 몸을 구성하는 각 기관의 명칭, 역할과 기능에 대해 알아본다.</td></tr>
<tr><td>활동 자료</td><td colspan="3">인체 모형, 관찰지, 돋보기, 관련 도서
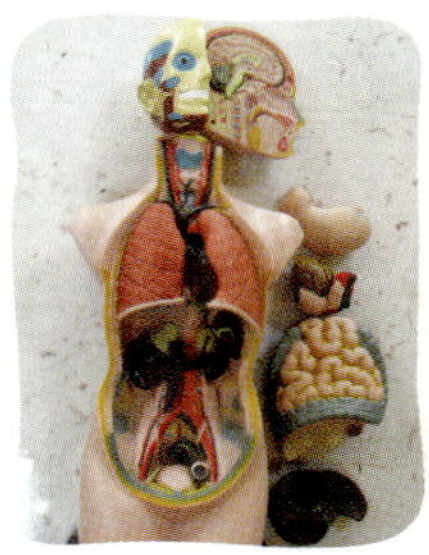 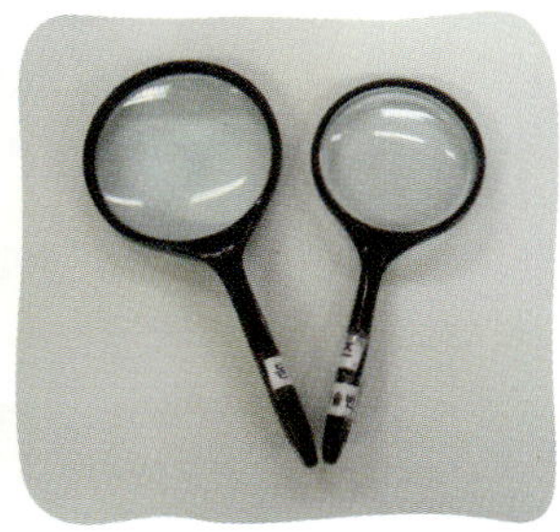</td></tr>
<tr><td>활동 내용</td><td colspan="3">1. 자신의 몸에 자연스럽게 관심을 가지도록 격려한다
교사 : 너희의 몸을 자세히 살펴보자. 살펴보니 어떻니?
다른 사람과 어떻게 다르니?
우리 몸의 각 기관은 어떤 일들을 할까?

2. 인체 모형을 관찰해 본다
교사 : 이것은 무엇일까? 무엇에 사용하는 것일까?
유아 : 사람의 모습을 작게 해 놓은 거예요.
앗, 뇌도 떨어지고 위도 떨어져요.
뇌는 꼬불꼬불 라면 같아요.
위는 길쭉한 럭비공 같아요.

3. 인체 모형을 관찰한 특징과 기억에 남는 점을 그림으로 그리거나 이야기해 본다
교사 : 인체 모형 중 가장 인상 깊었던 것은 무엇이니?
그걸 그림이나 점토로 표현해 본다면 어떻게 할 수 있을까?
유아 : 진짜를 만지는 것 같아 조금 징그러웠어요.
위가 어떤 모양인지, 신장이 어떤 모양인지, 얼만 한 크기인지 알 수 있어서 좋았어요.
하지만 그게 진짜로 어떤 느낌일지 알고 싶은데 모두 다 딱딱한 느낌만 들어서 조금 아쉬웠어요.</td></tr>
</table>

활동 내용	4. 인체 모형을 통해 관심을 갖게 된 신체 부분에 대한 역할과 기능을 책으로 살펴보며 이에 대한 지식을 쌓도록 격려한다 교사 : 무엇을 관찰하고 경험해 보았니? 무엇을 알게 되었니? 유아 : 모형을 보고 책을 보니까 더 잘 알 수 있는 것 같아요. 처음에는 징그러워서 보기 싫었는데 이렇게 관찰하고 나니까 우리 몸이 어떻게 이루어졌는지 알 수 있었어요. 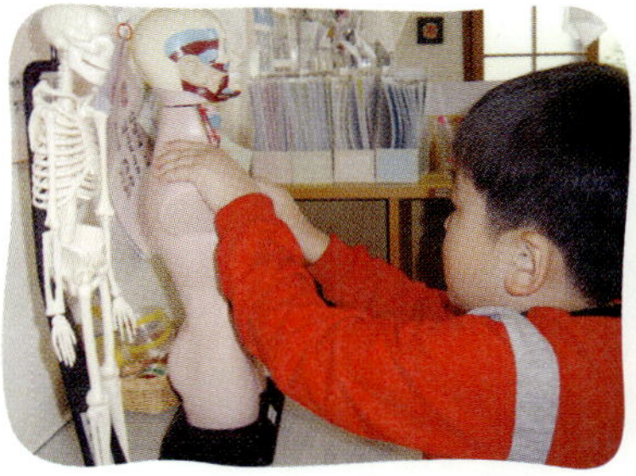 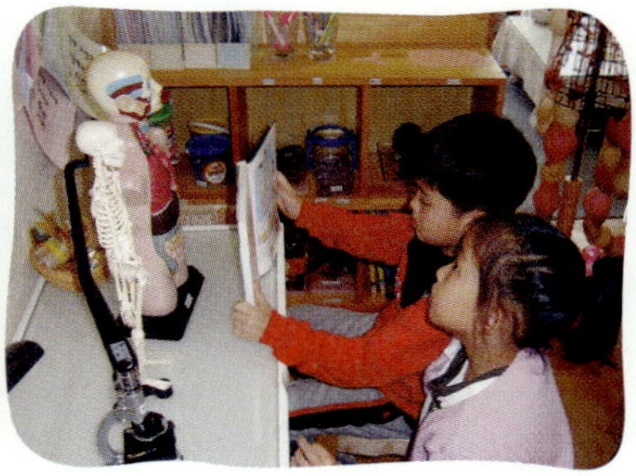
평 가	인체 모형을 살펴보면서 우리 눈에는 보이지 않는 내부 기관에 대해 보다 깊은 관심을 가질 수 있었다. 모형이 퍼즐과 같이 이루어져 있었기 때문에 이를 맞추며 자연스럽게 각 기관의 위치를 익힐 수 있었으며, 책과 함께 비교해 봄으로써 각 기관별 정보도 함께 얻을 수 있었다. 또한 유아들이 각 기관에 대한 지식을 쌓는 데 유용한 활동이었다.

5) 교육활동안 : 활동의 예 5

<table>
<tr><td rowspan="2">활동명</td><td rowspan="2">심장의 움직임</td><td>대상 연령</td><td>만 5세</td></tr>
<tr><td>활동 영역</td><td>과학</td></tr>
<tr><td>교육 목표</td><td colspan="3">• 심장 모형을 관찰하면서 심장의 생김새 및 위치를 안다.
• 심장 모형의 펌프를 작동해 봄으로써 혈액의 순환과정을 이해한다.</td></tr>
<tr><td>활동 자료</td><td colspan="3">심장 모형, 참고도서, 관찰지
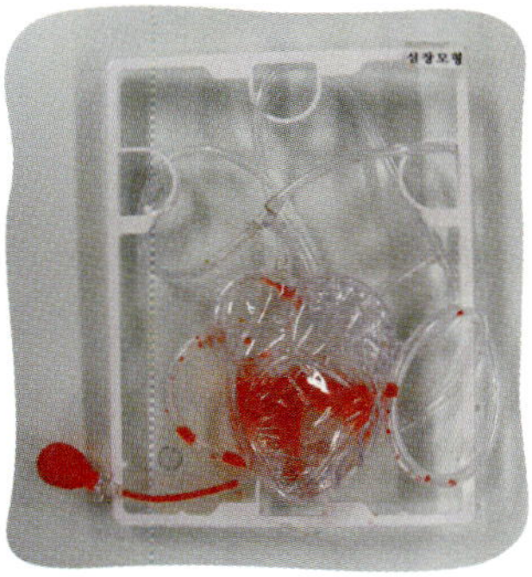</td></tr>
<tr><td>활동 내용</td><td colspan="3">1. 심장 모형을 관찰한다
교사 : 어떻게 생겼니? 이름이 무엇일까? 어떻게 사용하는 것일까?
이건 심장이고 호스 같은 것은 핏줄이에요.
빨간색 물감이 들어가 있어 그런지 정말 심장 같아요.
어, 그런데 여기 공 같은 게 달려 있어요.
이걸 눌러 보니 호스 안에 물이 움직여요.

2. 활동지를 살펴보고 기록한다
교사 : 심장 모형을 작동하기 전에 심장 모형이 어떻게 움직일지 한번 생각해 보자. 어떻게 될 것 같니?
유아 : 이 공같이 생긴 것을 누르면 물이 움직여요.
심장이 뛰면 피가 움직이는 것 같아요.
맞아요. 심장은 피가 우리 몸에 골고루 퍼질 수 있도록 도와주는 거예요.

3. 심장 모형 실험활동을 진행한다
교사 : 심장 모형의 펌프는 우리 몸 중 어디와 같은 것일까?
심장 모형의 줄은 우리 몸의 어디와 같은 것일까?
심장 모형의 펌프질을 해 보자. 어떻게 되니?</td></tr>
</table>

활동 내용	 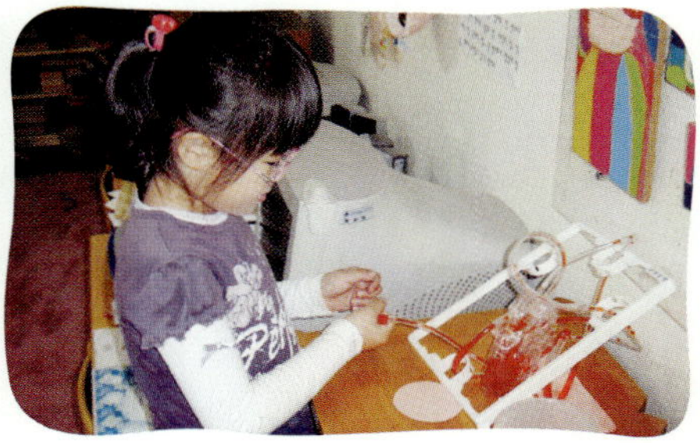 4. 활동지를 기록하며 내가 예상했던 것과 실제의 실험활동을 비교한다 교사 : 처음 생각했던 것과 어떻게 다르니? 심장은 우리 몸에서 어떤 역할을 하는 것 같니? 5. 실험을 통해 내가 알게 된 점들에 대해 친구들과 이야기 나눈다 교사 : 실험을 하고 난 후 무엇을 알게 되었니? 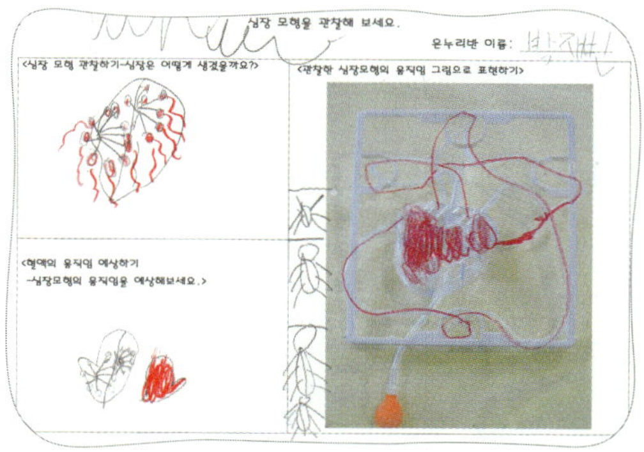 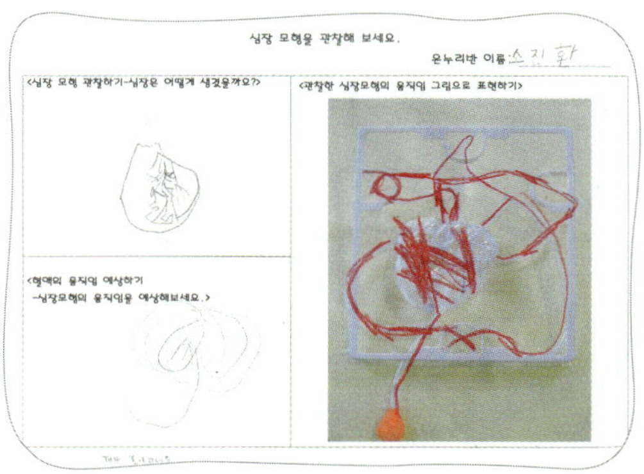
평 가	실험활동을 하기 전 유아들에게 심장이란 그저 우리 몸에서 없어서는 안 되는 중요한 기관이었지 심장이 어떠한 역할을 하는지 알지 못하였다. 그러나 이 활동을 진행하면서 유아들은 심장은 우리 몸 중앙에서 피가 우리 몸의 각 곳으로 흐를 수 있도록 하는 중요한 역할을 한다는 것을 알 수 있었다.

6) 교육활동안 : 활동의 예 6

<table>
<tr><td rowspan="2">활동명</td><td rowspan="2">소화가 되기까지</td><td>대상 연령</td><td>만 3세</td></tr>
<tr><td>활동 영역</td><td>이야기 나누기</td></tr>
<tr><td>교육 목표</td><td colspan="3">• 우리 몸의 내부 기관의 구조와 기능에 대해 안다.
• 소화기관의 위치와 기능을 이해한다.</td></tr>
<tr><td>활동 자료</td><td colspan="3">유아들이 제작한 마네킹 모형, 비닐 호스, 물
 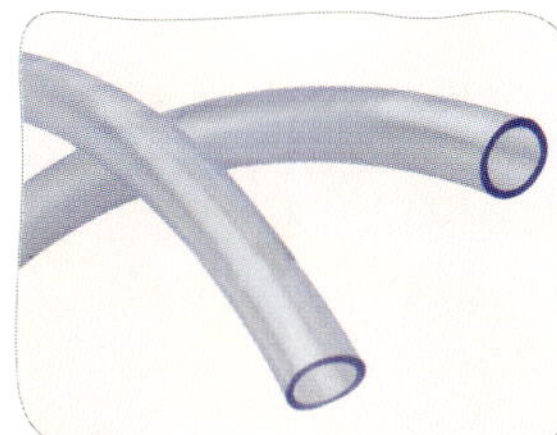</td></tr>
<tr><td>활동 내용</td><td colspan="3">1. 《먹은 게 다 어디로 갔지?》 동화를 듣는다
교사 : ○○이가 먹은 음식은 어떻게 되었니?
너희들이 먹은 음식은 어떻게 될까?

2. 우리가 먹은 음식이 어떻게 소화되는지 관심을 가진다
교사 : 음식은 어떤 과정을 거쳐 소화될까?
우리 몸속에는 어떤 소화기관들이 있을까?

3. 몸속 내부 기관 모형도를 보며 관찰하고 탐색하도록 한다
교사 : 몸속 내부 기관을 관찰하니 어떻니?
몸속 내부 기관에는 어떤 것들이 있니?

4. 유아들이 자신의 배를 직접 만져 보고 소화과정을 예측해 보도록 한다
교사 : 너희들의 배를 한번 만져 보자.
어떤 것들이 느껴지니?
우리가 먹은 음식은 몸속에서 어떻게 되는 것일까?

5. 유아들이 제작한 마네킹 모형의 호스에 물을 넣어 음식물의 소화과정을 살펴본다
교사 : 맨 먼저 음식물은 어떤 기관을 거칠까?
그 다음은 어떤 기관이 소화를 도울까?
마지막에는 어떤 소화과정이 남아 있을까?</td></tr>
</table>

활동 내용

6. 소화가 다 된 음식물에 대해 이야기를 나눈다

   교사 : 소화가 다 된 음식물은 어떻게 될까?
   똥과 오줌은 어떻게 나오는 것일까?

7. 유아들이 소화과정을 알게 되고 탐색하고 알게 된 것들을 표상하도록 격려한다

   교사 : 음식물은 어떤 과정을 거치며 소화가 되었니?
   너희들이 음식물의 소화과정을 직접 경험해 보니까 어땠니?

8. 소화가 잘 되지 않을 때 생기는 현상에 대해 관심을 갖도록 격려한다

평 가

유아들이 구성한 마네킹 모형에 직접 실험을 해 본다는 것 자체가 유아들의 호기심을 이끌기에 충분하였다. 또한 호스를 통해 물이 흘러내려가는 과정을 관찰하면서 유아들은 음식물이 소화기관을 거쳐가는 순서를 확실히 인지할 수 있었다. 책을 통해 단순한 지식만을 암기하던 방식에서 벗어나 직접 실험을 통해 눈으로 확인함으로써 유아들의 기억능력이 향상될 수 있었다.

7) 교육활동안 : 활동의 예 7

<table>
<tr><td rowspan="2">활동명</td><td rowspan="2">우리와 같은 몸의 마네킹</td><td>대상 연령</td><td>만 5세</td></tr>
<tr><td>활동 영역</td><td>조형</td></tr>
<tr><td>교육 목표</td><td colspan="3">• 마네킹에 우리 몸속의 기관을 표상하여 몸속 기관에 대해 친근감과 관심을 갖는다.
• 몸속 기관의 명칭, 위치, 기능 및 역할에 대해 관심을 갖는다.</td></tr>
<tr><td>활동 자료</td><td colspan="3">• 마네킹, 털실, 전선, 주머니, 호스, 에어캡, 모루, 수수깡 등 다양한 미술 재료
• 본드, 가위, 스티로폼 공, 은박지 등 다양한 꾸미기 재료
 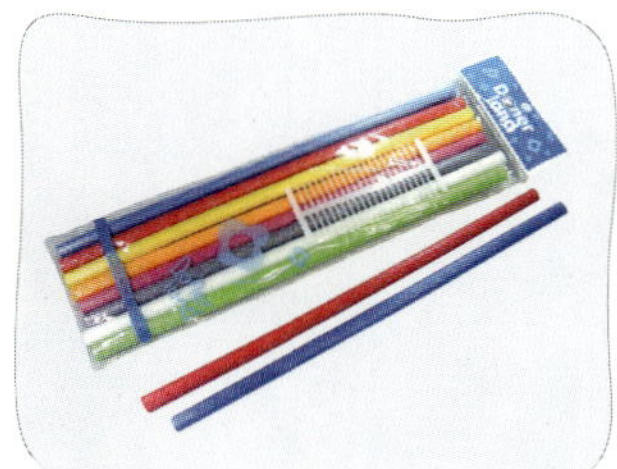</td></tr>
<tr><td>활동 내용</td><td colspan="3">1. 마네킹을 탐색해 본다
교사 : 이것은 무엇일까?
이것이 왜 우리 교실에 있을까?
유아 : 이건 옷 파는 곳에 있는 마네킹이잖아요. 우리 반에서 옷을 팔라고 그러나?
근데 속이 비어 있네.
속이 비어 있으니까 너무 불쌍해 보인다. 우리가 속을 채워 주자.
맞아, 진짜 사람처럼 모든 걸 다 만들어 주면 좋겠어.

2. 비어 있는 마네킹의 속을 어떻게 채워 줄 것인지 의논한다
교사 : 너희들 말대로 진짜 사람처럼 마네킹을 꾸며 주려면 어떻게 하는 것이 좋을까?
유아 : 사람이 가지고 있는 것을 다 만들어 주면 되요.
얼굴, 팔, 다리 그리고 속이 비어 있으니까 몸속도 만들어 줘요. 심장, 신장, 위 같은 것 말이에요.
교사 : 그럼 어떻게 만드는 것이 좋겠니? 무엇으로 만들지 재료를 찾아보자.</td></tr>
</table>

활동 내용

3. 각 기관의 특징을 살려 재료를 선택하여 표현한다

교사 : 심장은 무엇으로 만들면 좋을까?
위는 어떤 모양으로 만들면 좋겠니?
음식물이 흘러가는 식도와 작은창자, 큰창자를 정말 음식물이 지나다니게 하려면 어떻게 만들면 좋을까?

4. 완성한 후 활동을 회상하며 각 기관의 특징에 대해 다시 한번 이야기 나눈다

교사 : 이렇게 완성해 놓고 나니 어떤 기분이 드니?
어떤 점이 가장 어려웠니?

유아 : 호스를 이용해서 진짜처럼 음식물이 다닐 수 있게 하는 길을 만드는 것이 어려웠어요.
조금은 어려웠지만 이렇게 만들고 나니까 무엇이 어디에 있고 어떤 일을 하는지 알 수 있었어요.

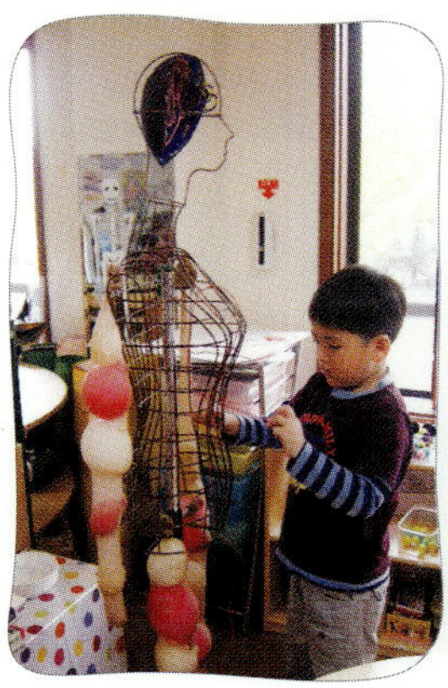

평 가

유아들은 마네킹에 신체 모형을 구성한다는 것 자체를 신기하고 재미있어하였다. 유아들과 각 기관의 생김새 및 특징에 대해 이야기 나누며 최대한 실물과 비슷하게 만들어 보고자 하였으며, 유아들은 이런 과정에서 자연스럽게 인체의 내부 기관에 대해 알아가는 기회가 되었다. 이는 입체 구성으로 인해 유아들의 흥미를 자극하고 이에서 얻는 정보를 보다 정확히 기억할 수 있게 해 주었다.

8) 교육활동안 : 활동의 예 8

<table>
<tr><td rowspan="2">활동명</td><td rowspan="2">움직이는 우리 몸</td><td>대상 연령</td><td>만 5세</td></tr>
<tr><td>활동 영역</td><td>신체</td></tr>
<tr><td>교육 목표</td><td colspan="3">• 우리 몸이 어떻게 움직이는지에 대해 궁금증을 갖고 탐구한다.
• 뼈의 기능과 역할을 이해한다.</td></tr>
<tr><td>활동 자료</td><td colspan="3">관절 인형, 음악 CD, CD 플레이어
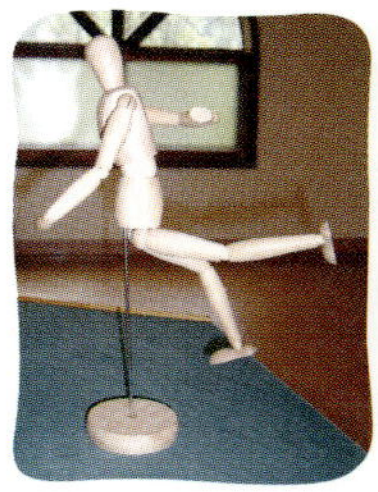 </td></tr>
<tr><td>활동 내용</td><td colspan="3">1. 관절 인형의 움직임을 살펴본다
교사 : 이것이 무엇일까?
이 인형은 어떻게 사용하는 것일까?
유아 : 움직이는 인형이에요. 내가 움직이고 싶은 대로 움직여져요.
교사 : 이 인형은 왜 이렇게 움직이는 것일까?
유아 : 그거야 팔, 다리, 허리, 이런 것들이 나누어져 있어서 그렇죠.
팔다리 사이에는 움직일 수 있는 철사 같은 것이 있어서 얘네가 쉽게 움직일 수 있어요.

2. 관절 인형을 움직여 보고 음악에 맞춰 움직임을 따라해 본다
교사 : 인형의 모습처럼 나도 움직일 수 있을까?
유아 : 인형이 하는 대로 똑같이 할 수 있어요.
한 팔은 아래로, 한 팔은 위로 내 마음대로 움직여요.
하지만 이 이형처럼 완전히 뒤로 하는 것은 잘 안 돼요.

3. 인형의 움직임과 사람의 움직임을 비교해 본다
교사 : 인형과 우리 몸의 움직임의 같은 점과 다른 점은 무엇이 있니?
유아 : 인형도 우리 몸도 내 마음대로 움직여요.
인형은 우리가 움직어야 움직여지지만 사람은 내 마음대로 움직여져요.

4. 인형과 우리 몸이 자유롭게 움직이는 이유에 대해 생각해 보고 책이나 인터넷에서 자료를 조사하여 이유를 알아본다
교사 : 이 인형과 사람은 어떻게 자유롭게 움직일 수 있을까?</td></tr>
</table>

활동 내용	유아 : 인형은 팔, 다리, 허리, 이런 것들이 나누어져 있기 때문에 잘 움직여요. 나뉘긴 했지만 떨어지진 않잖아. 그건 나사랑 못 같은 게 연결되어 있으니까 그런 거야. 사람은 못이랑 나사로 연결되어 있지 않잖아. 사람의 뼈도 인형처럼 이렇게 나뉘어 있대. 나뉘어 있어도 떨어지지 않는 건 사람은 나사 대신 근육하고 피부가 붙어 있어서야. 5. 활동을 마친 후 느낀 점에 대해 이야기 나눈다 유아 : 사람의 몸속에 200개가 넘는 뼈가 있다는 것이 신기해요. 우리가 설 수 있게 해 주고 움직일 수 있게 도와주는 뼈에게 고마워해야 해요.  
평 가	관절 인형을 따라 자유롭게 나의 몸을 움직여 보면서 우리 몸이 움직이는 이유에 대해 생각해 보는 기회가 되었다. 당연히 움직여야 하는 것으로 생각되던 몸이었는데 뼈가 이러한 움직임이 원활하도록 도와준다는 것을 알게 되면서 유아들은 뼈에 대한 고마움을 느껴 보았다.

9) 교육활동안 : 활동의 예 9

활동명	몸을 도와주는 과학이란?	대상 연령	만 5세
		활동 영역	이야기 나누기
교육 목표	• 우리 몸을 도와주는 과학에 관심을 갖는다. • 우리 몸을 도와주는 과학의 종류와 특징을 알아본다.		
활동 자료	의약품, 의료기기, 도구 등에 관한 실물 및 사진 자료 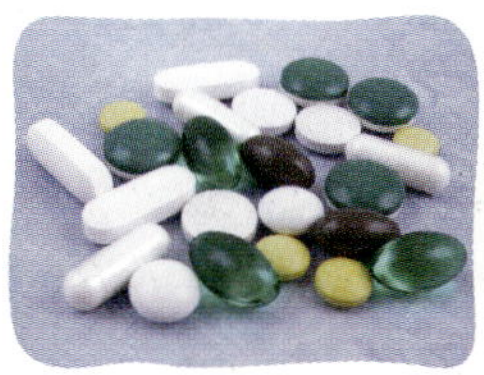  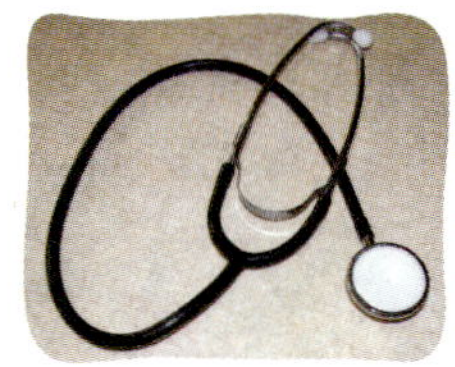		
활동 내용	1. 우리 몸을 도와주는 과학에 대해 알고 있는 것에 대해 이야기한다 교사 : 너희들이 알고 있는 우리 몸을 도와주는 과학은 어떤 것들이 있니? 우리에게 도움을 주는 약이나 도구, 기계는 어떤 것이 있을까? 이런 것들은 언제 사용해 보았니? 2. 우리 몸을 도와주는 용품들(약, 검사 도구 · 기계, 치료 도구 · 기계)의 특징에 대해 이야기 나눈다 교사 : 이것은 무엇일까? 어떤 모양이니? 언제 사용하는 것일까? 너희들은 사용해 본 경험이 있니? 어떻게 만들어졌을까? 이걸 보니까 어떤 생각이 드니? 3. 교사가 소개한 것 외에도 유아들이 아는 다른 것들에 대해 이야기를 나누어 본다 교사 : 선생님이 이야기한 것 외에 또 어떤 것들이 있을까? 유아 : 체온계요, 그건 열이 나면 열을 재는 거예요. 이렇게 누워서 기계 안에 들어가면 우리 몸 전체를 찍어 어디가 아픈지 알려 주는 것도 있어요. 안경도 우리를 도와주는 거예요. 눈이 나쁜 사람은 안경을 쓰면 잘 보이잖아요. 헬리코박터 박사요. TV 광고에 나오는 박사님도 우리 몸에 좋은 걸 발견해서 우리가 건강하게 살 수 있도록 도와준대요.		

활동 내용	교사 : 이러한 것들은 어떻게 만들어지게 되었을까? 유아 : 사람들이 많이 아프고 불편하니까 그런 사람들을 도와주기 위해 과학자나 의사들이 이런 것을 만들었어요. 과학자, 의사들에게 고맙다고 말하고 싶어요. 4. 활동이 끝난 뒤 느낀 점에 대해 이야기 나눈다 교사 : 우리 몸을 도와주는 과학용품들을 보았는데 어땠니? 우리 몸을 도와주는 과학이 어떤 것인지 알 수 있겠니? 이것 외에도 우리 몸을 도와주는 것들이 무엇이 있는지 더 찾아보자.
평 가	몸이 아파 병원을 찾아갔을 때 유아들은 제일 먼저 체온계나 청진기를 접하게 된다. 그만큼 체온계나 청진기는 우리의 일상생활에 깊숙히 들어와 있다. 그러나 유아들은 이것이 과학의 발달로 인해 우리가 편안하게 병을 진단하고 치료하는 데 이용되고 있다는 것을 잘 인지하지 못하고 있었다. 유아들과 과학의 발달로 인해 우리 몸이 얻게 된 이로움에 대해 이야기해 보며, 과학의 중요성과 편리함에 대해 알 수 있었다.

10) 교육활동안 : 활동의 예 10

<table>
<tr><td rowspan="2">활동명</td><td rowspan="2">노벨상이란?</td><td>대상 연령</td><td>만 5세</td></tr>
<tr><td>활동 영역</td><td>이야기 나누기</td></tr>
<tr><td>교육 목표</td><td colspan="3">• 노벨상의 의미를 안다.
• 미래의 과학자로서의 꿈을 키운다.</td></tr>
<tr><td>활동 자료</td><td colspan="3">노벨상 사진 자료, 올해의 노벨 의학상 수상자 기사
  스미시스  에번스  카페기</td></tr>
<tr><td>활동 내용</td><td colspan="3">1. 노벨상에 대해 알아본다
교사 : 노벨상이란 말을 들어 본 적이 있니?
유아 : 똑똑하고 일 잘하는 사람에게 주는 상이요.
교사 : 너희가 알고 있는 노벨상 수상자가 있니?
유아 : 김대중, 퀴리 부인…. 에디슨??
노벨상은 유명한 사람에게 주는 상이에요.

2. 노벨상에 대해 소개한다
교사 : 너희가 지난 번에 노벨 사이언스 체험전에 다녀왔지? 그곳에서 노벨상에 관해 본 것들 기억나니? 그곳에서 본 것처럼 노벨상은 사람들을 위해 위대한 일을 한 사람에게 주는 상이란다.

3. 올해의 노벨상 수상자 기사를 보며 노벨상에 대해 이야기 나눈다
교사 : 오늘 신문에 노벨 의학상을 받는 사람들이 소개되었는데 같이 한번 보자. 기사를 보니까 노벨상이 무엇인지 알겠니?
유아 : 위대한 일을 한 사람들한테 주는 상이요.
와, 멋있다. 나도 훌륭한 과학자가 되어 노벨상을 받고 싶어요.

4. 기사를 회상하며 노벨상에 대해 이야기를 나눈다
교사 : 노벨상을 받으려면 어떻게 해야 할까?</td></tr>
</table>

활동 내용	유아 : 공부를 잘 해야 해요. 공부를 잘 하는 것도 중요하지만 다른 사람을 위한 생각을 할 줄 알아야 하는 것 같아요. 나도 사람들에게 도움이 되는 사람이 되고 싶어요.
평 가	노벨 사이언스 체험전을 다녀온 뒤 유아들은 노벨상에 대해 큰 관심을 보였다. 마침 신문기사에 노벨 의학상 수상자가 발표되었고 유아들과 이 기사를 살펴보며 노벨상이란 어떤 것이며, 인류에 공헌하는 일을 할 때에는 상도 받을 수 있다는 사실에 대해 이야기 나누어 볼 수 있었다. 이야기를 나눈 후 유아들은 자신도 훌륭한 사람이 되어서 상을 받고 싶다는 이야기를 하였다. 유아들에게 과학에 대한 친근감을 키우고 노벨상 수상자로서의 꿈을 키워 줄 수 있는 기회가 되었다.

11) 교육활동안 : 활동의 예 11

<table>
<tr><td rowspan="2">활동명</td><td rowspan="2">이 세상에 있었으면 좋을 약</td><td>대상 연령</td><td>만 5세</td></tr>
<tr><td>활동 영역</td><td>조형</td></tr>
<tr><td>교육 목표</td><td colspan="3">• 약의 의미 및 기능에 대해 알아본다.
• 내가 고치고 싶은 병의 약을 발명해 본다.</td></tr>
<tr><td>활동 자료</td><td colspan="3">밀가루, 파스텔, 막자, 사발, 체, 작은 봉지, 미술 재료
</td></tr>
<tr><td>활동 내용</td><td colspan="3">1. 약의 의미 및 약이 우리에게 주는 이로움에 대해 이야기 나눈다
교사 : 약이란 무엇일까?
약을 먹어 본 경험이 있니?
유아 : 으~ 약은 너무 써요. 먹기 싫어요.
아닌데, 감기에 걸렸을 때나 배가 아플 때 먹은 약은 딸기 맛이야. 괜찮아.
우리 엄마는 머리가 아플 때도 약을 먹어요.
약은 병에 걸렸을 때 먹는 거예요. 약을 먹으면 병이 빨리 나아요.
교사 : 맞아, 너희 말대로 약은 많이 먹으면 안 좋겠지만 병이 걸렸을 때 적절히 먹으면 아프지 않고 빨리 나을 수 있도록 도와준단다.

2. 내가 만약 약사가 된다면 이 세상에 어떤 약을 만들어 내 놓고 싶은지 그림으로 그려 본다
교사 : 만약에 너희가 약사가 된다면 혹시 고치고 싶은 병이 있니?
유아 : 전 키가 크는 약이 있었으면 좋겠어요.
전 사람들을 웃길 수 있는 약이 있었으면 좋겠어요. 화난 사람도, 울고 있는 사람도 이 약만 먹으면 행복해지는 거예요.

3. 밀가루, 파스텔, 작은 미술 재료 등을 이용하여 내가 만들고 싶은 약을 만들어 본다
교사 : 약은 무엇으로 만들면 좋을까?
유아 : 약은 가루약도 있고, 알약도 있고, 물약도 있어요.
여러 가지를 섞어서 약을 만들면 재미있을 것 같아요.
필요한 것을 찾아서 약을 만들어 이 봉지에 담아 보자.
너희가 만든 약들을 약의 효능과 함께 선생님이 모빌로 달아 줄게.</td></tr>
</table>

활동 내용	4. 약을 만들고 난 뒤 느낀 점에 대해 이야기 나눈다 교사 : 이런 약들을 만들어 보니 어떤 기분이 드니? 유아 : 우리가 만든 약만 먹으면 이 세상 사람들이 아픈 사람 하나 없이 무척 행복할 것 같아요. 진짜로 이런 약이 있었으면 좋겠어요. 우리가 만든 것처럼 예쁘고 맛있는 약이 생기면 아기들도 잘 먹을 거예요.  
평 가	유아들에게 약의 이미지는 쓰고 먹기 싫은 것, 아픈 사람들이 먹는 것으로 인식되어 있었다. 유아들과 함께 약의 기능과 역할에 대해 이야기 나누며, 약은 많이 먹으면 안 되지만 필요할 때에는 먹어야 하는 유용한 것임에 대해 이야기 나눌 수 있었다.

12) 교육활동안 : 활동의 예 12

<table>
<tr><td rowspan="2">활동명</td><td rowspan="2">미래의 병원을 상상해 보아요</td><td>대상 연령</td><td>만 5세</td></tr>
<tr><td>활동 영역</td><td>역할</td></tr>
<tr><td>교육 목표</td><td colspan="3">• 미래 병원의 모습을 상상해 본다.
• 미래 병원 놀이에 필요한 재료 및 도구를 만들어 놀이에 이용할 수 있다.</td></tr>
<tr><td>활동 자료</td><td colspan="3">수술 로봇, 무엇이든 다 찍히는 엑스레이, 역할 목걸이, 유아들이 발명한 발명품
 </td></tr>
<tr><td>활동 내용</td><td colspan="3">1. 내가 경험한 병원 놀이를 회상해 본다
교사 : 병원 놀이에서는 어떤 놀이를 할 수 있니?
너희가 경험한 병원 놀이에 대해 이야기해 보자.
유아 : 병원에 아픈 사람이 찾아오면 의사가 그 사람을 치료해 주면 되요.
아픈 부분에 따라 가는 병원이 다르고, 검사를 받고 치료를 받은 다음에는 약도 받아가요.
환자는 병원에 올 때 의료보험증을 가져와야 해요. 접수도 하고 의사를 만나기 위해 기다리기도 하고 의사에게 어디가 아픈지 이야기해야 해요.

2. 미래 병원의 모습을 상상해 본다
교사 : 미래의 병원도 지금의 모습과 같을까?
내가 만약 100살쯤 되었을 때에는 어떤 것이 달라질지 상상해 보자.
유아 : 지금과 비슷할 것 같아요. 하지만 미래에는 기계가 많이 발명될 것 같으니까 사람이 수술을 하는 것이 아니라 수술 로봇이 나올 것 같아요.
그리고 지금처럼 환자가 꼭 병원으로 안 가도 될 것 같아요. 집에서 컴퓨터 같은 곳에 내 몸을 대어 보면 어디가 아픈지 다 알 수 있을 거예요.
무엇이든 고칠 수 있는 약이 나올 것 같아요. 태어나자마자 그거 한 알만 먹으면 평생 아프지 않기 때문에 병원이 없어지고 그냥 쉬다 가는 곳이 될 것 같아요.</td></tr>
</table>

<table>
<tr><td>활동 내용</td><td>3. 미래 병원 놀이에 필요한 소품을 만들어 본다
교사 : 우리가 이런 놀이를 역할 영역에서 해 보려 하는데 무엇이 필요할까? 필요한 것이 있으면 만들어 보자.
유아 : 수술 로봇, 컴퓨터 같은 것들이 필요해요.
교사 : 어떻게 만들지 그림으로 그려 보고 필요한 재료들을 준비해 보자. 친구들과 함께 만들어 보자.

4. 우리가 만든 소품을 이용하여 역할 놀이를 진행하고 놀이가 끝난 후 더 보충해야 할 부분이 없는지 이야기 나눈다
교사 : 미래 병원 놀이를 해 보니 어떤 느낌이 드니?
유아 : 재미있어요. 정말 이런 병원이 생기면 편할 것 같아요.
교사 : 미래 병원 놀이에 더 필요한 것은 없니?
유아 : 광선 치료실 같은 것이 있었으면 좋겠어요. 약 먹는 것은 너무 불편하니까 약을 안 먹고 레이저 같은 광선이 나오는데 들어가면 모든 병이 치료되는 그런 곳이요.
교사 : 그렇구나, 그럼 친구들과 의논하여 함께 만들어 보자.</td></tr>
<tr><td>평 가</td><td>병원 놀이는 유치원 시기의 유아들이 아주 좋아하는 놀이로, 유치원의 역할 영역에서 흔히 이루어지는 놀이 중 하나이다. 따라서 만 5세의 유아들에게는 너무나도 익숙한 놀이가 될 수 있다. 이런 병원 놀이에 유아들의 상상력을 첨가할 수 있는 '미래' 라는 요소를 첨가함으로써 유아들의 극놀이가 상상력을 자극하여 보다 확장될 수 있었다.</td></tr>
</table>

13) 교육활동안 : 활동의 예 13

<table>
<tr><td rowspan="2">활동명</td><td rowspan="2">나도 과학자
(나만의 발명품 만들기)</td><td>대상 연령</td><td>만 5세</td></tr>
<tr><td>활동 영역</td><td>조형</td></tr>
<tr><td>교육 목표</td><td colspan="3">• 발명품의 의미를 알고 우리 몸을 도와줄 수 있는 발명품을 만들어 본다.
• 나의 생각을 창의적으로 표현해 본다.</td></tr>
<tr><td>활동 자료</td><td colspan="3">발명품 설계도 활동지, 여러 가지 재활용품

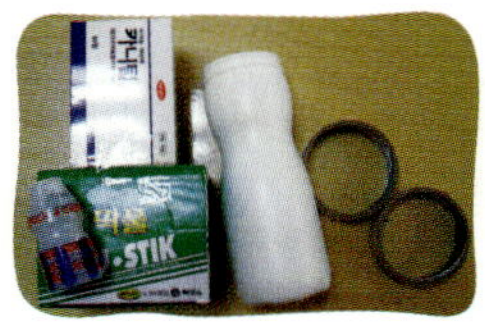
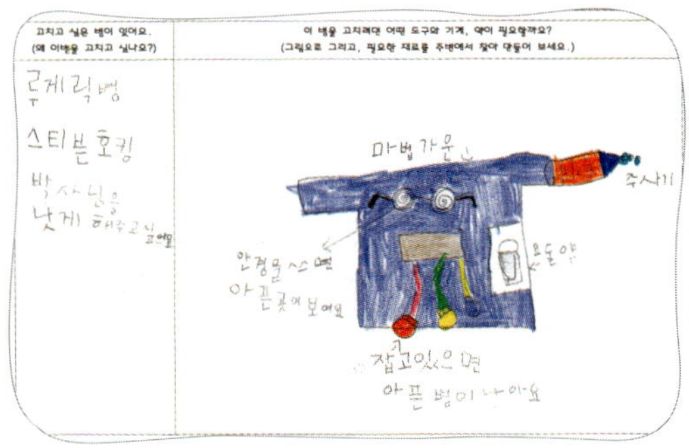
</td></tr>
<tr><td>활동 내용</td><td colspan="3">1. 우리 몸을 도와주는 과학용품들에 대해 생각해 본다
교사 : 이러한 발명품들은 왜 만들어졌을까?
유아 : 아픈 사람들을 낫게 해 주려고요.
교사 : 이러한 것들은 누가 만들었을까?
유아 : 과학자나 의사 같은 사람들이 만들었어요.

2. 우리도 이러한 발명품들을 만들 수 있음에 대해 이야기 나누어 본다
교사 : 발명품은 꼭 의사나 과학자만 만들 수 있을까?
유아 : 아니요. 아무라도 좋은 생각이 있고 계속 노력하면 멋진 발명품을 만들 수 있어요.
지금은 내가 너무 어리기 때문에 만들어도 사용하지 못하겠지만 나중에 더 많이 공부하면 진짜로 쓸 수 있게 만들 수 있을 거예요.

3. 발명품을 만들기 전 설계도를 그린다
교사 : 우리 몸이 불편함을 느낄 때는 언제일까?
유아 : 배가 아플 때요.
전 알러지가 있는데 봄, 가을이 되면 이것 때문에 너무 괴로워요. 알러지를 고칠 수 있는 그런 것이 있었으면 좋겠어요.
저는 아프거나 다친 사람을 볼 때 너무 슬퍼요. 이런 사람들을 척척 고쳐 줄 수 있는 의사 가운이 있으면 참 좋을 것 같아요.</td></tr>
</table>

활동 내용

교사 : 우리 몸을 도와주는 의료용품 혹은 약으로는 어떤 것이 있을까? 너희들의 생각을 담아 만들고 싶은 것을 그림으로 표현해 보자.

4. 내가 그린 설계도에 따라 발명품을 만들기 위한 재료를 모은다

교사 : 이것을 만들려면 어떤 것이 필요하니?
발명품을 만들기 위한 재료들을 찾아보자.

5. 준비된 재료와 설계도에 따라 발명품을 구성한다

교사 : 어떤 발명품을 만들어 보고 싶니?
어떻게 해야 설계도대로 발명품을 만들 수 있을까?

6. 친구들에게 나의 발명품을 소개하고 서로의 아이디어를 공유하는 시간을 갖는다

교사 : 나의 발명품을 친구들에게 소개해 보자.
발명품을 만들고 나니까 어떤 기분이 드니?

평 가

유아들 스스로 발명품을 직접 계획하고 구성하는 활동은 창의적으로 사고능력을 기르게 하였으며, 질병이나 문제를 해결하기 위한 방법들을 스스로 찾아볼 수 있도록 하는 데 도움을 주었다. 비록 실제로 사용할 수 있는 발명품은 아니었지만 자신의 아이디어가 담긴 발명품을 만들어 봄으로써 유아들은 과학자로서의 꿈을 키워 볼 수 있었다.

14) 교육활동안 : 활동의 예 14

<table>
<tr><td rowspan="2">활동명</td><td rowspan="2">발명품을 만들고 나서</td><td>대상 연령</td><td>만 5세</td></tr>
<tr><td>활동 영역</td><td>동시</td></tr>
<tr><td>교육 목표</td><td colspan="3">• 노벨상의 의미를 안다.
• 미래의 과학자로서의 꿈을 키운다.</td></tr>
<tr><td>활동 자료</td><td colspan="3">동시 짓기 활동지
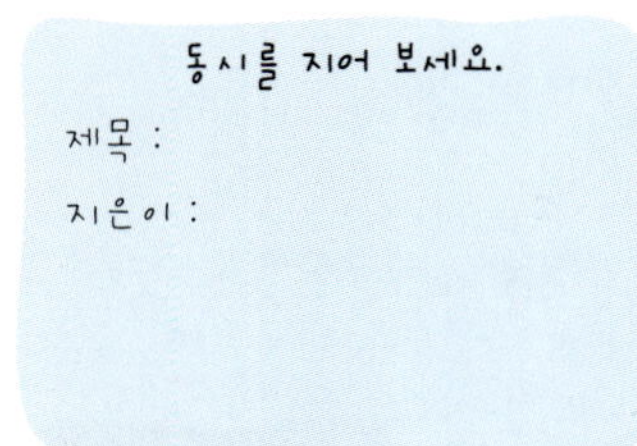
</td></tr>
<tr><td>활동 내용</td><td colspan="3">1. 동시란 무엇인지 이야기 나눈다
교사 : 동시란 무엇일까?
동시를 본 적이 있니? 동시를 들어 본 후 느낌이 어땠니?
유아 : 동시는 짧은 글이에요.
동시는 노래 같아요.
동시는 아름다운 글이에요.
교사 : 동시란 너희 말대로 노래와 같이 리듬감 있는 짧은 글이란다. 이 짧은 글에 나의 생각을 표현하는 거야. 선생님이 동시를 하나 들려 줄테니 동시가 어떤 것인지 생각하면서 들어 보렴. (동시를 들려 준다.)

2. 발명품을 만든 후 느낀 점에 대해 이야기 나눈다
교사 : 너희들이 그동안 우리 몸을 도와주는 과학에 대해서 알아보고 또 직접 발명도 했어. 이런 활동들을 하고 나니까 어떤 기분이 드니?
내가 했었던 활동 중 가장 기억에 남는 것은 무엇이니?
재미있었거나 어려웠던 점, 혹은 너희가 배웠던 점에 대해 이야기해 보자.

3. 나의 생각과 느낌이 드러난 동시를 짓는다
교사 : 앞에서 이야기 나눈 것을 바탕으로 동시를 지어 본다.
너희들이 했던 이야기들로 동시를 한번 지어볼까?
유아 : 저는 발명품을 만들어서 노벨상을 받았던 것이 가장 좋았어요.
나중에 커서는 사람들을 돕는 멋진 일을 해서 진짜 노벨상을 받아 보고 싶어요.</td></tr>
</table>

활동 내용	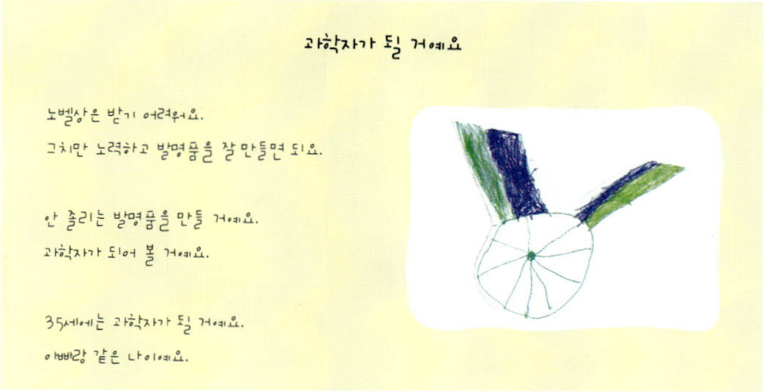 4. 내가 지은 동시를 다른 친구에게 소개하고 공유한다 교사 : 오늘 너희들이 지은 동시를 친구들과 함께 들어 보자. 친구들의 동시를 들으니까 어떤 느낌이 드니?
평 가	주제 관련 활동을 하고 발명품을 만들며 전시회를 통해 노벨상을 받아 보는 경험을 한 유아들은 이 경험들을 회상하여 동시로 표현해 보는 시간을 가졌다. 유아들이 재미있는 생각을 글과 그림으로 표현해 보고 내가 가진 생각을 친구들과 공유해 볼 수 있는 기회가 되었다. 대부분의 유아들이 한창 한글에 대해 관심을 보이는 시기였기 때문에 동시 짓기를 통해 글쓰기에 대해 좀 더 친근감과 자신감을 키울 수 있는 만 5세에게 적합한 활동이었다.

참고문헌

김경미(2002). 현장중심 유아 과학교육. 창지사.

김정주(2006). 과학 영역 운영에 관한 유아교사교육 프로그램의 효과. 원광대학교 박사학위논문.

박용순(2004). '유치원 교육활동 지도 자료' 에 나타난 과학 관련 활동 분석. 이화여자대학교 석사학위논문.

안도 유키오(1992). 그림으로 보는 우리 몸 이야기, 알기 쉬운 인체의 신비. 중앙생활사.

이종희 역(2000). 유아 과학교육의 구성주의적 접근. 과학교육사.

재니스 반클리브(2002). 놀다보면 우리 몸을 발견해요. 미래 M&B.

조부경 외(2007). 현직교사와 예비교사를 위한 유아과학교육. 양서원.

연구진

최석란
University of Illinois at Urbana-Champaign, 유아교육전공(철학박사)
서울여자대학교 인간개발학부 아동학 전공 교수
서울여자대학교 부속유치원 원장

이현옥
서울여자대학교 대학원 유아교육전공(박사수료)
서울여자대학교 부속유치원 원감
서울여자대학교 아동학과 강사

손지현
서울여자대학교 부속유치원 주임교사

손여민
서울여자대학교 부속유치원 교사

정은주
서울여자대학교 부속유치원 교사

남상지
서울여자대학교 부속유치원 교사

김소리
서울여자대학교 부속유치원 교사

교육활동 프로그램 04

우리 몸을 도와주는 과학

2008년 9월 5일 초판 인쇄
2008년 9월 10일 초판 발행

지은이 서울여자대학교 부속유치원
펴낸이 류제동
펴낸곳 (주)교문사

책임편집 김수진
본문디자인 아트미디어
표지디자인 반미현
제작 김선형
영업 김재광 · 정용섭 · 송기윤

출력 아트미디어
인쇄 동화인쇄
제본 대영제책사

우편번호 413-756
주소 경기도 파주시 교하읍 문발리 출판문화정보산업단지 536-2
전화 031-955-6111(代)
FAX 031-955-0955
등록 1960. 10. 28. 제406-2006-000035호

홈페이지 www.kyomunsa.co.kr
E-mail webmaster@kyomunsa.co.kr
ISBN 978-89-363-0934-3 (93370)
ISBN 978-89-363-0930-5 (93370) (전 5권)

값 12,000원

*잘못된 책은 바꿔 드립니다.